Krebs.

... und das

Leben

geht

weiter.

... und das Leben geht weiter.

Geschichten

von Krankheit,

Hoffnung,

Mut und Liebe,

gesammelt

von Irène Dietschi

orell füssli

INHALT

Liebe Leserin, lieber Leser

Ob Ausnahmeathletin, Praktikantin oder PR-Ikone, ob Schlagzeuger, Schauspielschüler oder couragierter Hausarzt; ob als Betroffener oder als Angehörige: Die Diagnose Krebs erschüttert jeden, den sie trifft. Krebs ist vermutlich die meist gefürchtete Krankheit in der westlichen Welt überhaupt. In der Schweiz erkrankt heute jede dritte Person im Laufe ihres Lebens an Krebs. Man geht zurzeit davon aus, dass rund eine Viertelmillion aller hier lebenden Menschen bereits eine Krebserkrankung durchlebt haben oder aktuell an Krebs leiden. Jedes Jahr erkranken bei uns über 35000 Menschen neu an dieser Krankheit, mehr als 15000 sterben daran.

Leben mit Krebs

Was erfreulich ist: Dank bedeutenden Fortschritten in Behandlung und Früherkennung der Krankheit – in erster Linie dank den Erkenntnissen der Forschung – kann ein stetig wachsender Anteil der Betroffenen Krebs «überwinden»: Viele von ihnen leben während Jahren oder Jahrzehnten mit Krebs. Das heisst, sie leben mit einer Krebserkrankung, die dank Therapien gleichsam in Schach gehalten wird. Sie arbeiten, sie gehen zur Schule, sie lieben, lernen, reisen, sie treiben Sport, sie wechseln den Beruf, finden neue Freunde. Kurz, immer mehr Menschen in unserer Gesellschaft sind Menschen mit einer Krebserfahrung. Und viele von ihnen werden nicht an Krebs sterben.

Krebs ist in erster Linie eine altersbedingte Krankheit, und die weitaus meisten Fälle treten in der zweiten Lebenshälfte auf. Aufgrund der Tatsache, dass die Menschen immer älter werden, dürfte sich in den kommenden Jahren trotz aller Fortschritte der Medizin die Anzahl Neuerkrankungen nochmals deutlich erhöhen; ganz einfach, weil die Altersgruppe der über 60-Jährigen stark anwächst. Eine Stärkung von aktiver Gesundheitsförderung und Krebsprävention bleibt also nach wie vor unabdingbar. Tatsächlich weisen zahlreiche Studien darauf hin, dass viele

Krebsfälle verhindert werden könnten, wenn wir unser Leben ohne Rauchen, mit täglich ausreichender Bewegung und ausgewogener Ernährung gestalteten. Hier haben wir erst zaghafte Schritte unternommen, und vieles bleibt noch zu tun.

Menschen mit Krebserfahrung

Wie gehen nun Menschen in der Schweiz mit einer Krebsdiagnose um? Was bedeutet dieser Einschnitt für sie? Wie sieht ihr Leben mit der Krankheit aus? Welche individuellen Lösungen bewähren sich im Berufsalltag und in der Familie? Wie reagiert ihr Umfeld auf die Erkrankung? Wie setzen sie sich mit wiederkehrenden Gedanken an Sterben und Tod auseinander? Viele berührende, aufwühlende und immer wieder ermutigende Antworten auf solche Fragen finden sich in den Lebens- und Miterlebens-Berichten der Menschen, welche die Autorin Irène Dietschi für dieses Buch beherzt und einfühlsam porträtiert hat. Lebens- und Leidensgeschichten, die uns alle etwas angehen. Ob in der Familie oder im beruflichen Umfeld – die meisten von uns haben solche Situationen schon miterlebt, als Betroffene oder als Angehörige. Und viele von uns sind daran gewachsen.

Es ist essenziell, dass Menschen mit schweren chronischen Erkrankungen nicht ausgegrenzt werden und sich solidarisch getragen fühlen. Noch ist es nicht lange her, dass selbst Mediziner sich scheuten, das Wort «Krebs» in den Mund zu nehmen; dass unsere Gesellschaft nicht bereit war, über diese Erkrankung offen zu sprechen, und dass viele Betroffene sie als Schande oder gar als Strafe interpretierten. Heute wissen wir, dass Krebs in den meisten Fällen eine schicksalhafte Erkrankung ist und als solche zur Menschheit gehört wie die Evolution selbst. Aber wir wissen auch, dass wir dank Früherkennung, moderner Diagnostik und Therapie viele Menschen mit Krebs erfolgreich behandeln können; ein Fortschritt, der primär durch eine intensive Forschung getragen und vorangetrieben wird.

Solidarität, unabhängig und patientennah

Für die Krebsliga, die ihr 100-jähriges Bestehen feiert, soll das Jahr 2010 ein Jahr gelebter Solidarität sein – Solidarität mit den Menschen, die in der Schweiz an dieser schweren Krankheit leiden, sterben oder mit ihr leben. Als Non-Profit-Organisation setzt sich die Krebsliga seit 100 Jahren für Betroffene und ihre Angehörigen ein. Sie bietet ihnen individuelle Unterstützung und Beratung, informiert die Bevölkerung über Früherkennung und Prävention und fördert die patientennahe, industrieunabhängige Krebsforschung. Nicht zuletzt engagiert sich die Krebsliga als unabhängige Akteurin auch auf politischer Ebene für Menschen mit Krebs, indem sie sich für deren Rechte und Interessen stark macht.

Allen, die sich bereit erklärt haben, an diesem Buch mitzuwirken, und damit sehr persönliche Einblicke in oft ausserordentlich schwierige Phasen ihres Lebens erlauben, möchte ich für ihren Mut und ihr Vertrauen ganz herzlich danken. Ich bin überzeugt, ihre Zeugnisse und Geschichten tragen dazu bei, in unserer Gesellschaft mehr Verständnis zu schaffen für die besondere Lebenssituation von Menschen mit einer Krebserfahrung.

Auch unseren Spenderinnen und Spendern danke ich für ihre Unterstützung von Herzen. Mit ihrer Hilfe werden wir die wichtigen Aufgaben, welche die Krebsliga für Menschen mit Krebs wahrnimmt, auch in Zukunft gemeinsam meistern können. Denn nach wie vor erkrankt in der Schweiz jeder dritte Mensch im Lauf seines Lebens an Krebs.

Darum braucht es die Krebsliga. Mehr denn je.

Prof. Thomas Cerny

Präsident der Krebsliga Schweiz
Chefarzt für Onkologie/Hämatologie, Kantonsspital St. Gallen

Laszlo I. Kish

Winnetou ist tot

Seinem Freund Christian stand der aus Basel stammende Schauspieler Laszlo I. Kish so nahe, dass sie Blutsbrüder hätten sein können. «Ich freu mich schon drauf, wenn wir als alte Säcke an Stöcken auf einer Parkbank sitzen und die Welt noch immer nicht verstehen» – so sah die gemeinsam ausgemalte Zukunft aus. Doch dann kam die Realität einer Krebserkrankung dazwischen. Christian war knapp 53 Jahre alt.

Lässt man unter Kulturinteressierten den Namen Laszlo I. Kish fallen, erntet man interessierte, anerkennende Reaktionen. Laszlo I. Kish? Das ist doch dieser geniale Schauspieler aus Basel, der heute in Berlin lebt; der mit der bulligen Gestalt und dem markanten Gesicht, das stark an Orson Welles erinnert; der als Kommissar von Burg neun Jahre lang eine prominente Rolle in der Schweizer «Tatort»-Reihe hatte, im Kultfilm «Grounding» zum Untergang der Swissair souverän den Moritz Suter gab.

Doch der 1957 geborene Basler kann noch anderes. Er ist ein tiefsinniger, feinfühliger Mensch, der viel schreibt und auch eigene Filme dreht. Mitte der 1990er-Jahre wechselte er hinter die Kamera, «weil es mir zu wenig wurde, ausschliesslich im Dienst einer Figur zu stehen oder von einem Regisseur abhängig zu sein, der womöglich einen schlechten Job macht». Er wollte seine Ideen verwirklichen, selbst die Verantwortung für Produktionen übernehmen; anfänglich im fiktionalen Bereich, dann immer mehr im Dokumentarischen. «Vielleicht ist es die Ernsthaftigkeit des Älterwerdens, die dazu führt, dass ich mich zunehmend gesellschaftlich relevanten Themen zuwende», erklärt er.

Seine Produktionen dokumentiert Laszlo I. Kish mit mehr oder weniger ausführlichen, im Internet zugänglichen Tagebuchnotizen. Ausserdem veröffentlicht er einen Blog. «Die grosse Reise» nennt er das Internet-Gefäss, das in losen Abständen seine Begegnungen, Eindrücke und Erlebnisse wiedergibt. Keine saloppen Kurzeinträge sind das, sondern literarisch anmutende Aufzeichnungen, die auch viel von seinem Innenleben preisgeben. Dabei versuche er, «den positiven Seiten des Lebens mehr Macht zuzugestehen, indem ich meine Aufmerksamkeit auf sie richte. Ich habe beschlossen, dass das Glas halbvoll ist.» Oft aber sei dieser Weg schwer, und es gelinge nicht immer, nicht das halbleere Glas zu bejammern.

Es ist in einem dieser sorgfältig abgefassten Blog-Einträge, in dem Laszlo I. Kish über den Krebstod seines besten Freundes berichtet. Unter der Überschrift «Winnetou ist tot» schreibt er am 6. November 2008 folgenden Text:

Vor einem Monat ist mein Freund Christian gestorben. Er hat sich auf die wirklich grosse Reise begeben. Einen Monat bevor er 53 geworden wäre. Wir standen uns so nah, dass wir Blutsbrüder hätten sein können. Lediglich unsere ausgeprägte Abneigung gegen Stech- und Schnittinstrumente hinderte uns am formalen Vollzug dieses Rituals. Doch das regelmässige Rauchen der Friedenspfeife liessen wir uns nicht nehmen. Dann sassen wir herum und «regelten die Welt». So nannten wir das Herumspinnen und Fantasieren. Wir hatten untereinander die Lizenz zum Dummschwätzen. Theorien zur Weltlage, zur Lage der Menschheit und Deutschlands im Besonderen waren an der Tagesordnung, und ich kann mit Bestimmtheit sagen, die Welt sähe anders aus, hätte man aus unseren Analysen die konsequenten Schritte gezogen. Aber auf uns hörte ja keiner. So lautete eines unserer wiederkehrenden Mantren.

Eines Abends Ende Juli, ich kam gerade aus dem Kino, erreichte mich die Nachricht, man hätte bei Christian einen Hirntumor diagnostiziert. So gross wie ein Hühnerei. Ich konnte die Nachricht damals genauso wenig verstehen, wie ich heute nicht verstehen kann, dass Christian tot ist. Hirntumor ... Sicher schlimm, aber beim heutigen Stand der Medizin, doch nicht wirklich ein Problem. Oder? Ein Tag später kam die Nachricht, es handle sich um eine Metastase und das Mutterschiff in der Lunge habe man auch gefunden. Plötzlich stand dieses hässliche Wort im Raum: Krebs. – Aber die Entwicklungen der letzten Jahre ... Oder?

Ich verdrängte, dass alle Männer meiner väterlichen Linie an Lungenkrebs und deren vielfältigen Metastasen gestorben waren. Schön der Reihe nach. Vor elf Jahren mein Vater als Ältester, vier Jahre später der mittlere Bruder und nochmals vier Jahre später der jüngste Bruder. Eine Olympiade des Sterbens. «Möge der Beste gewinnen.» Eine Rettung gab's aber auch für sie nicht. Für keinen.

Bis auf meinen Vater war ich im Moment des Todes bei keinem anwesend. Immer war ich irgendwo unterwegs. Die traurige und ehrenvolle Aufgabe des Begleitens in den Tod blieb an meiner kleinen Schwester hängen. Mich erreichten die Todesnachrichten mal in Indien, mal auf Malta. Ausser bei meinem Vater, bei dem der Tod überraschend kam, hatten mich die Todesnachrichten weniger erschüttert als die Nachrichten von der Krankheit. Ähnliches geschah jetzt, als ich die Nachricht von Christians Krebs erhielt. Irgendeine Instanz in mir wollte daran glauben und wollte dafür kämpfen, dass er wieder gesund würde. Auch wenn die Ärzte in nicht immer eindeutiger Weise, aber doch wiederholt auf ein mögliches baldiges Ende einzustimmen versuchten. Doch der Mensch ist sehr begabt, wenn es darum geht, sich schönzureden, was er nicht bereit ist zu glauben. Christian hatte sich eigenmächtig noch eine Lebensdauer von zwei Jahren gegeben. Wir machten Pläne. Ende Januar wollten wir mit einer kleinen Gruppe von Freunden nach Marrakesch fahren. Da sollte er von den anstehenden Behandlungen her so weit sein, dass er hätte reisen können. Falls er den Januar erlebte. Es sei eine Sache, die sich im Kopf entscheidet, sagte sein Arzt. Doch im Kopf war schon die Metastase. Für Kampfwille war kein Platz mehr.

Die Diagnose hatte Christian während eines Besuches bei seinem Bruder in Köln erhalten. Die ersten paar Tage konnten wir uns nicht sehen, so gerne ich ihn in die Arme geschlossen hätte. Ich erinnere mich nur an unser erstes Telefongespräch. Nicht nur die Metastase, die auf sein Sprachzentrum drückte, liess seine Sprache stocken. «Das Kind, Alter ... Das Kind ... Es ist noch so klein ... Ich hätte es gerne aufwachsen sehen. Wenigstens die Einschulung ...» Seine Stimme brach. «Aber so einen Hirntumor kriegen die doch in den Griff», versuchte ich mich. «Ach Alter ...» Schweigen. Nie wieder sollte er mir gegenüber so deutlich seinen nahenden Tod ansprechen.

Wieder in Berlin, wurde er gleich im Klinikum in Buch stationär aufgenommen. Hier würde die ganze Maschinerie in Gang gesetzt werden, die in solchen Fällen zum Einsatz kommt. Er wollte mich erst ein paar Tage später sehen. Er schien sich vor unserem Wiedersehen genauso zu fürchten wie ich. Unsere ganzen Gespräche von früher, auch über den Tod schienen jetzt läppisch. Jetzt hatte die Realität das Wort. Nach zwei langen Tagen war er so weit, dass er mich sehen wollte. Wir fuhren nach Buch hinaus. Ulrike begleitete mich. Christian war unser Trauzeuge, als wir vor 20 Jahren in Venedig heirateten, und von jeher auch Ulrike ans Herz gewachsen. Ich hatte Angst davor, was mich erwarten würde. Sein Bruder hatte mich gewarnt, dass die Metastase im Hirn zu halbseitigen Lähmungen führe, Christian bisweilen seinen rechten Arm nicht bewegen könne und ihm das Sprechen sehr schwerfalle. Bevor wir an der Tür seines Krankenzimmers anklopften, sammelten wir uns und bereiteten uns auf die Begegnung vor. Er lag angekleidet auf dem Krankenbett neben dem Fenster und hörte auf seinem Discman ein Hörbuch. Als er uns sah, lächelte er freudig, nahm sich die Kopfhörer ab und kam auf uns zu. «Cafeteria?» Wir schlossen uns zur Begrüssung in die Arme, wie wir das immer taten. Das Cortison hatte in der Zwischenzeit offenbar seine Wirkung entfaltet und der Druck aufs Hirn war bereits etwas zurückgegangen.

Wir gingen in die Cafeteria. Ab sofort war die Krankheit ständig anwesend, doch wir sprachen nur selten darüber. Solange es nur ein Gran Hoffnung gab, würde ich Christian mit Affirmation im Kampf unterstützen.

Es gab wenige Augenblicke, in denen ich eine Bereitschaft von ihm spürte, über die Krankheit und den wahrscheinlichen Tod zu sprechen. Mir ist bis heute nicht klar, ob er sich oder ob er uns schützen wollte. Wir sprachen über viel Organisatorisches und wir beschlossen, dass er in den Zeiten, in denen er nicht stationär im Krankenhaus bleiben musste, bei uns wohnen würde. Er wohnte in ziemlich beengten Verhältnissen, und mit einem zweijährigen Kind im Haus konnte er zu Hause auch nicht die Ruhe haben, die er dringend brauchte.

Es folgten Untersuchungen, Behandlungen, Tage der Hoffnung und Tage der Verzweiflung. Insgesamt machten ihm die Ärzte in Buch Mut, doch war ihnen klar, dass Christian nur noch wenig Zeit blieb. Es war unmöglich zu entscheiden, woran man sich halten sollte. Als ihm bei der Chemotherapie die Haare ausfielen, rasierte er sich seinen Kopf und trug fortan die Mützen, die ihm Ulrike gestrickt hatte. Eine aus Baumwolle für die noch milden Tage des jungen Herbstes und eine aus Wolle für den nahenden Winter. Dazu würde eine dunkelblaue Cabanjacke passen. Die fand er besonders schick. Christian war ziemlich eitel. Da er sich in seiner Eitelkeit auch nicht ganz ernst nahm, war sie problemlos zu ertragen. Die Jacke wäre unser Geburtstagsgeschenk gewesen, hätte er seinen Geburtstag noch erlebt.

Nach der ersten Chemotherapie zog er zu uns. Wir hatten im Laufe unserer Freundschaft schon einige Male zusammengewohnt, da gab es keine Probleme. Solange er noch Cortison erhielt, hatte er einen Hunger, wie ich ihn noch nicht gesehen habe. Drei volle Mahlzeiten, dazwischen hier mal was, da mal was. Ich freute mich. Allzu sehr war ich bereit, der alten Mär, Appetit sei ein Zeichen der Genesung, Glauben zu schenken. Die Bestrahlungen wurden weitergeführt und jeden Morgen kam der Fahrdienst, der Christian nach Buch brachte und nach der Behandlung wieder zurück. Danach war er immer ziemlich erschöpft und musste sich eine Stunde ausruhen. Als er wieder aufgestanden war, schlurfte er in die Küche und sah sich nach Essbarem um. Das waren die letzten schönen Tage. Dann wurde das Cortison abgesetzt, und man konnte zuschauen, wie ein einst stattlicher Zweimetermann sich allmählich auflöste und zerfiel. Schlagartig war Schluss mit dem Appetit, und die Gestaltung der Mahlzeiten wurde immer schwieriger. Dies nicht, das nicht. Das Curry war zu scharf, die einst geliebte Bionade hatte zu viel Kohlensäure, welche die Speiseröhre angriff.

Als er dann den zweiten Klinikaufenthalt, der wegen der kommenden Chemotherapie anfiel, abbrechen musste, weil er sich eine schwere und hartnäckige Bronchitis zugezogen hatte, beschleunigte sich der ohnehin schon rapide Verfall zusehends. Eines Tages rief er mich ins Klo, wo er auf der Schüssel sass und keine Kraft mehr hatte, sich zu erheben. Bei allem Schmerz sind wir spätestens in diesem Moment zur Überzeugung gelangt, dass der Tod auch ein Freund sein kann. Der Einzige, der in der Lage ist, die Würde seines Klienten zu retten.

Am 6. Oktober kam der behandelnde Onkologe zu uns. Christian konnte ja das Bett nur mehr mit massiver Hilfe verlassen. Offenbar waren die Knochen auch schon befallen. Nach der Untersuchung meinte der Arzt, wir müssten uns im Klaren darüber sein, dass es sich nicht mehr um Krankenpflege handelte, sondern um Sterbebegleitung. Sein Angebot, Christian in ein Hospiz zu überweisen, lehnten wir höflich ab. Bei aller Hochachtung für die Arbeit der Hospize sollte Christian nicht in fremder Umgebung, bei fremden Leuten sterben. Mochten sie ihn noch so respekt- und liebevoll begleiten. Lediglich eine Palliativschwester, die täglich das Pflaster mit den Schmerzmitteln auswechseln und vielleicht bei den körperlich doch anstrengenden Waschungen helfen würde, sollte zur Unterstützung dazukommen.

Als Christian erfuhr, wie es genau um ihn stand, dass er maximal noch vier Wochen hatte, sagte er: «Dann lieber gleich.»

Am nächsten Tag starb Christian im Kreis seiner nächsten Menschen. Er wurde begleitet, unterstützt und geliebt.

Auch wenn ich im Augenblick, als er seine Seele aushauchte, nicht anwesend war, war es doch eine Ehre, bei seinem Sterben dabei sein zu dürfen.

Mein Winnetou ist tot. Old Shatterhand muss alleine weiterreiten.

Als ich Laszlo I. Kish Mitte Juli 2009 auf der Gartenterrasse der Basler «Kunsthalle» treffe, hat er gerade einen zweieinhalbmonatigen Italienaufenthalt hinter sich. Er hat dort zwei neue Filme gedreht und den Schnitt an einem weiteren Film weit vorangebracht. Es ist dies ein Film im Auftrag des Bundesamtes für Migration über afrikanische Migranten, ein Thema, das ihn wie kein anderes seiner bisherigen Regiearbeiten berührt habe.

Im Moment sitzt Laszlo I. Kish entspannt am grünen Bistrotisch, die Kastanienbäume spenden angenehmen Schatten, und der Heimwehbasler erzählt von seinen Anfängen: von seinen Idolen Orson Welles und Rod Steiger, die ihn früh inspiriert hätten, von den schauspielerischen Anfängen bei der Studententheatergruppe «The Gay Beggars» an der Basler Universität. Er habe eigentlich Filmregisseur werden und dieses Berufsziel über die Schauspielerei verfolgen wollen. «Doch nach der Schauspielschule in Zürich lief es mir von Anfang an so gut, dass ich mich unversehens in einer vielversprechenden Karriere als Schauspieler wiederfand – und als ich mich endlich doch noch an der Filmhochschule anmelden wollte, war ich zu alt.» Also versuchte er es auf eigene Faust. Abgesichert durch das Honorar aus dem «Tatort» produzierte er seinen ersten eigenen Kurzfilm, der ihm am Filmfestival von Locarno glatt einen Goldenen Leoparden einbrachte. Zwar habe dieser prestigeträchtige Preis – «ein Fluch!» – seine weitere Arbeit nicht unbedingt erleichtert; müsste er aber nach 15 Jahren als freiberuflicher Regisseur Bilanz ziehen, «dann bin ich auf 90 Prozent der von mir realisierten Projekte stolz».

Seinen Freund Christian traf Laszlo I. Kish am ersten Tag, nachdem er 1983 nach Deutschland gekommen war. Christian war Regieassistent am selben Theater, an dem Laszlo ein festes Engagement im Ensemble antrat. Von da an waren sie ein Herz und eine Seele. Blutsbrüder eben.

Als wir auf den verstorbenen «Winnetou» zu sprechen kommen, wird Laszlo I. Kish zunächst still. Seine tief liegenden Augen umwölken sich – wobei man eine Ahnung bekommt, zu welch gnadenlosem Schurkenblick der Schauspieler Kish in einer entsprechenden Rolle fähig wäre –, hinter der starken Stirn unter der grauen Stoppelfrisur arbeitet es. «Winnetous» Tod scheint diesen Mann mit der Statur eines Ringkämpfers noch genauso zu schmerzen wie acht Monate zuvor, als er den Blog-Eintrag verfasste. «Was mich vor allem wütend gemacht hat, war das Verhalten der Ärzte», bricht es schliesslich aus ihm heraus. «Sie waren zwar medizinisch äusserst kompetent und im Umgang sehr freundlich; aber keiner von ihnen war Manns genug, die Wahrheit zu sagen. Es war die pure Hilflosigkeit.»

Statt Klartext zu reden, hätten sich die Ärzte hinter statistischen Angaben verschanzt: Christian habe einen «schlechten Befund», der zu «80 Prozent tödlich» sei; er habe eine «20-prozentige Chance, die nächsten zwei Jahre zu überleben». Das war wohl medizinisch korrekt – in den Ohren des besten Freundes aber war es unehrliches Geschwurbel, das ihm noch heute die Galle hochtreibt: «So kann man mit einer solchen Diagnose nicht umgehen», empört er sich. «Ich will ja keine auf den Tag genaue Angabe, wie lange mein Freund noch zu leben hat, und wenn er länger gelebt hätte als prognostiziert, hätte ich die Ärzte bestimmt nicht verklagt. Was ich hingegen erwarte, ist eine gewisse Ehrlichkeit, den Mut zu sagen: ‹So sieht's aus. Bei einem normalen Verlauf, wie wir ihn aus dem Lehrbuch und aufgrund unserer Erfahrung kennen, müssen Sie sich auf diese Zeitspanne einstellen.›» So habe man nämlich die Chance, diese Zeit noch zu gestalten, der Kranke ebenso wie sein Umfeld. Die blosse Aussage «er wird sterben» aber sei sinnlos. «Die gilt für jeden Menschen, für jedes Neugeborene.»

Hat Christian letztlich, als er die Hoffnungslosigkeit seines Zustandes realisierte, den Freitod gewählt, wie man aus Laszlo I. Kishs Erzählung schliessen könnte? Der Schauspieler schüttelt den Kopf. Nein, sein Freund starb tatsächlich am Tag nach der ärztlichen Vier-Wochen-Prognose.

Laszlo I. Kish hat aus dieser Erfahrung seine Schlüsse gezogen. Nicht in Bezug auf sein eigenes Krebsrisiko – so ist seine Angst vor einer Erkrankung nicht gestiegen, trotz der familiären Belastung –, sondern in Bezug auf den Tod. Er sagt: «Wir sollten viel offener mit Krebs umgehen – und mit der Tatsache, dass wir endlich sind.» Er sieht den Tod weder als Drama noch als «Beinbruch», den es zu richten gelte. Sondern als letztlich unausweichliches Ereignis irdischen Daseins. Kämpfen um jeden Preis, wenn die Lage aussichtslos sei wie bei Christian, hält er für «eine unzumutbare seelische Belastung, sowohl für den Kranken wie für seine Umgebung». Viel sinnvoller sei es, diese letzte Phase zu gestalten, das Leben Revue passieren zu lassen, das Ende würdevoll zu feiern. «Lasst sie in Ruhe sterben», lautet seine Botschaft an die Angehörigen todkranker Krebspatienten.

Für den Sterbenden gebe es keinen «falschen» Zeitpunkt zu gehen, schreibt Laszlo I. Kish drei Tage nach unserem Treffen in seinem Blog. Wohl aber für die Hinterbliebenen. «Diese Freundschaft ist nicht zu ersetzen», sagt er. «Das waren 25 gemeinsam erlebte Jahre. Diese Lücke lässt sich niemals schliessen.»

FOTO: PRIVAT

Cornelia Schwager

Bittere Sechzehn

Während Gleichaltrige den ersten Freund küssen und Partys feiern, kämpft Cornelia Schwager mit den Nebenwirkungen einer Chemotherapie. Die Gymnasiastin ist mit 16 an einem Hodgkin-Lymphom erkrankt. Sie verliert die Haare und magert so stark ab, dass sie in der Badi angestarrt wird. Doch die junge Frau aus dem Thurgau lässt sich nicht kleinkriegen. Familie und Freunde helfen ihr dabei.

Für ihre Maturaarbeit am Gymnasium der Kantonsschule Frauenfeld wählte Cornelia Schwager das Thema «Krebs», zusammen mit zwei Kolleginnen ihrer Klasse. Die eine konzentrierte sich auf die biologischen Aspekte, die zweite machte Interviews mit Angehörigen, Cornelia Schwager selbst interviewte Betroffene. Den Abschluss der Arbeit bildete eine Umfrage unter den Schülerinnen und Schülern an der «Kanti»: Was sie über Krebs wüssten und welche Vorstellungen sie von der Krankheit hätten. Das Bild war zwiespältig. Viele der Befragten brachten das Wort «Krebs» automatisch sofort mit Tod und Siechtum in Verbindung. Manche wussten aber erstaunlich gut Bescheid, etwa über die Heilungschancen der verschiedenen Krebsarten oder über die Vielfältigkeit der Krebsformen überhaupt. Die Mehrheit war der Ansicht, Krebs trete am häufigsten im Alter zwischen 40 und 60 Jahren auf, und nur wenige meinten, es treffe vor allem alte Menschen. Diese Antwort überraschte die Maturandinnen: Sie hatten erwartet, ihre Mitschüler und -schülerinnen würden Krebs mit hohem Alter assoziieren. Auch das allgemeine Interesse an ihrer Arbeit erstaunte die drei. Als sie später ihre Arbeit an der Schule öffentlich präsentierten, war der Saal rappelvoll.

Bei Cornelia Schwager war die Motivation, für ihre Maturaarbeit das Thema «Krebs» zu wählen, die eigene Erfahrung: Sie erkrankte mit 16 Jahren an einem sogenannten Hodgkin-Lymphom. Einige Monate vor unserem Treffen war sie zum letzten Mal in der Arztkontrolle. Alles ist bestens, Cornelia Schwager ist geheilt. Entspannt sitzt die heute 22-Jährige am Tisch eines angesagten Cafés in der Nähe des Berner Bundesplatzes: eine hübsche junge Frau, gross und schlank, in eine modische Jeans gekleidet, die Haare zum Pferdeschwanz gebunden. Im Sommer hat sie in Fribourg ihren Bachelor abgeschlossen, zurzeit absolviert sie ihr erstes Berufspraktikum. «Mir geht es sehr gut», sagt sie, an ihrem Glas nippend. Und dann, nachdenklicher: «Während der Chemo damals war ich psychisch zwar nicht am Boden zerstört, nie total unglücklich. Ich habe keinen Schaden genommen. Aber der Krebs hat meine Jugend völlig auf den Kopf gestellt.»

Die Heilungschancen eines Hodgkin-Lymphoms werden in der medizinischen Literatur mit 90 bis 95 Prozent angegeben. «Besser kann man es als Krebspatientin eigentlich nicht haben», meint Cornelia Schwager. Trotzdem stand ihr Leben auf Messers Schneide. Sie erzählt:

«Es fing damit an, dass ich am Hals rund ums Schlüsselbein geschwollene Lymphknoten hatte. Meine Mutter schickte mich zu unserem Hausarzt in Aadorf, wo wir wohnen. Der tippte auf Pfeiffersches Drüsenfieber, aber ich hatte ja kein Fieber. Er überwies mich weiter nach Weinfelden, dort wurde eine Ultraschalluntersuchung meiner Lymphknoten gemacht. Zudem wurde ein Lymphknoten mit einer feinen Nadel punktiert, die entnommene Flüssigkeit zur Untersuchung ins Labor geschickt. Wenig später hatte ich wieder einen Termin beim Hausarzt. Er sagte, man habe nichts Auffälliges entdeckt, ich hätte wohl eine Entzündung, womöglich sei es die Katzenkratzkrankheit. Und er gab mir Tabletten mit.»

Cornelia Schwager traut diesem Befund nicht. Die Familie besitzt zwar eine Katze, welche die 16-Jährige aber weder gekratzt noch gebissen hat. Die junge Frau hat keine Entzündung, sondern Husten, und wenn sie auf dem Rücken liegt, entweicht ihr der Atem röchelnd aus dem Mund. Die Lymphknoten schwellen weiter an, trotz der Tabletten gegen die Katzenkratzkrankheit, welche die Gymnasiastin brav schluckt. Der Hausarzt überweist sie an einen Hals-Nasen-Ohren-Spezialisten, es vergehen zwei Wochen, bis dieser einen freien Termin hat. Doch als er die junge Patientin untersucht, drängt er auf eine Operation, so rasch wie möglich. «Er hatte wohl einen Verdacht, dass ich ein Lymphom haben könnte», erinnert sich Cornelia Schwager, «aber er formulierte diesen nicht explizit, weder mir noch meinen Eltern gegenüber.» Erst sollte ein verdächtiger Lymphknoten aus dem Hals entfernt und das Gewebe genau untersucht werden.

«Ich wurde in Frauenfeld operiert, aber da ging alles schief: Als man die Anästhesie einleitete, bekam ich keine Luft mehr. Sie mussten mir einen Schlauch in den Hals stecken und mich künstlich beatmen, etwas drückte meine Luftröhre zu. Dann wurde ich in den künstlichen Tiefschlaf versetzt. Ich durfte mich nicht mehr bewegen, denn hätte ich das getan, wäre eventuell die Luftröhre kollabiert. Auf dem Röntgenbild sah man dann, dass ich einen riesigen Tumor hatte, an der breitesten Stelle im Brustbereich war er 20 auf 20 Zentimeter gross. Er wuchs um die Lunge herum und drückte mir die Luftröhre zusammen. Deshalb bekam ich während der Operation keine Luft mehr. Ohne Behandlung hätte ich früher oder später sicher Atemnot bekommen.»

Am selben Nachmittag fährt ihre Mutter nach Frauenfeld, um nach dem jüngsten Kind – der einzigen Tochter nach drei Söhnen – zu sehen. Sie ist überzeugt, dass Cornelia in der Zwischenzeit aus der Narkose aufgewacht ist. Da es sich laut Auskunft der Ärzte um einen Routineeingriff handelt, ist sie unbesorgt. Als sie in der Klinik ankommt, teilt man ihr mit, die Tochter liege auf der Intensivstation im künstlichen Tiefschlaf.

«Von Frauenfeld wurde ich noch am selben Tag, es war ein Donnerstag, mit dem Helikopter nach Zürich ins Universitätsspital geflogen. Eine am Freitag vorgenommene Biopsie ergab, dass der Tumor bösartig war. Noch gleichentags wurde mit der Chemotherapie begonnen. Diese schlug sofort an. Nach ein paar Tagen zogen sie mir den Schlauch aus dem Hals, ich konnte wieder selbstständig atmen. Schliesslich weckten sie mich aus dem künstlichen Tiefschlaf. Ich war wie auf Drogen, hatte Halluzinationen, verstand überhaupt nichts. Ich brachte Zeit, Ort und Geschehen nicht zusammen. Ich fragte nach meiner Mutter, und als sie kam, sagte ich zu ihr: ‹Mami, ich bin noch nicht operiert› – weil ich am Hals keine Wunde spürte. Sie erzählte mir dann sachte, was in der Zwischenzeit alles passiert war; jedenfalls habe ich es so in Erinnerung. Aber die Bedeutung ihrer Worte erfasste ich nicht wirklich, erst mit der Zeit begriff ich, dass ich Krebs hatte, etwas Schlimmes. Die Ärzte sagten, ich hätte sehr gute Heilungschancen. Das fand ich beruhigend, ich dachte keine Sekunde an den Tod. Aber ich war in einem ganz anderen Zustand. Die Chemotherapie tat das ihre, mir war nicht im Mindesten klar, was da mit mir abging, welche Nebenwirkungen die Medikamente hatten, die über eine Infusion in mein Blut gespeist wurden.»

Sie verbringt fast drei Wochen im Spital und liegt in dieser Zeit fast ausschliesslich im Bett. Zu ihrem schlechten Allgemeinzustand kommt eine Lungenentzündung hinzu. Ihre Muskeln erschlaffen. Hat sie sich die paar wenigen Schritte zur Toilette geschleppt, sinkt sie danach völlig erschöpft in die Kissen. Sie will nach Hause, zu ihrer Familie, in ihr Zimmer. Zu den drei älteren Brüdern, von denen der mittlere, mit dem sie sich früher häufig gezankt hat, den Anblick der kleinen Schwester, wie sie auf der Intensivstation liegt, nicht aushält. «Als ich das hörte, traute ich meinen Ohren nicht», erzählt Cornelia Schwager.

Sie selbst hält sich wacker. Dabei hilft, dass sie kaum je allein ist, nicht nur Eltern und Geschwister verbringen viel Zeit mit ihr, auch viele Freundinnen und Kollegen besuchen sie an ihrem Krankenbett, in Zürich wie auch zu Hause. Nur einmal, als sie nach einem Fieberanfall und mit einem seltsamen Hautausschlag, den die Ärzte fälschlicherweise als Windpocken diagnostizieren, wieder ins Zürcher Unispital eingeliefert wird, hier eine Nacht lang auf der Notfallstation und dann zwei Tage stationär verbringen muss, da brechen die Tränen aus ihr hervor. Warum ich? Warum passiert mir das? Warum kann ich nicht ganz normal in die Schule, warum bin ich so megaschwach?

Die Eltern, obwohl sie das Leiden ihrer Jüngsten fast nicht aushalten, geben ihr den nötigen Halt. «Sie erlaubten sich mir gegenüber keine Gefühlsausbrüche. Meine Mutter sah ihre Rolle darin, wann immer nötig für mich da zu sein. Und wenn ich zur unmöglichsten Zeit plötzlich unbändige Lust nach einem panierten Schnitzel verspürte, dann bekam ich das selbstverständlich. Es schmeckte himmlisch, auch wenn ich es nachher wieder rauskotzen musste.»

Fünf Monate dauert die Chemotherapie. Jeden zweiten Freitag fährt Cornelia Schwager per Bahn mit ihrer Mutter nach Zürich, nachmittags holt sie ihr Vater mit dem Auto ab. Nach der Prozedur im Spital ist sie immer so müde, so kaputt, da scheint allein der Gedanke, nachher noch einen Zug zu besteigen, unvorstellbar. Die Lehrer in der Schule zeigen fast ausnahmslos Verständnis, obwohl sie nur 50 Prozent des Unterrichts besucht. «Schön, dass du wieder da bist», wird sie begrüsst, ihr selbst tut die Schule gut. Man lässt sie ohne Zeugnis in die nächste Klasse aufsteigen. Gegen Ende der Behandlung, im letzten Monat der Chemotherapie, wird ihr regelmässig übel. Derweil Gleichaltrige an den Wochenenden Partys feiern, Discos besuchen, ins Kino gehen oder erste Erfahrungen mit der Liebe machen, liegt Cornelia zu Hause flach. Trotzdem: Sie ist nicht wütend, sie hat kein Selbstmitleid, denn sie weiss genau, dass das nichts bringt. Sie will einfach, dass es vorbeigeht. Am meisten Mühe bereitet ihr der kahle Kopf.

«Schon im Spital fielen mir die Haare büschelweise aus. Ich wollte mich aber noch nicht ganz von ihnen trennen, deshalb band ich sie zu einem Zopf zusammen. Zu Hause zogen wir Strähne um Strähne von meinem Kopf weg. Ich bekam eine Perücke, eine sehr gute, aus echten halblangen Haaren, ähnlich wie meine eigenen. Leider konnte man sie nicht frisieren. Wenn ich andere Frauen mit ihren Superfrisuren sah, gab mir das schon einen Stich. Gegen Ende der Chemotherapie färbte ich die Perücke, um wenigstens etwas zu verändern. In der Badi trug ich ein Kopftuch. Es war in dem Jahr unerträglich heiss, 2003 war ja ein Rekordsommer, so ging ich halt trotzdem in die Badi, obwohl ich angestarrt wurde. Es war ja nicht nur der kahle Kopf, ich hatte auch extrem abgenommen. Zum Schluss der Chemotherapie wog ich nur noch 45 Kilogramm, viel zu wenig bei meiner Grösse von 170 Zentimetern. Wenn dann meine Kolleginnen anfingen, ihre Gewichtsprobleme zu diskutieren, dachte ich bei mir: ‹Mann, seid bloss still und freut euch über eure normalen Figuren, über eure Haare.› Es war nicht einfach, plötzlich so verändert auszusehen. Meinem Selbstbewusstsein konnte dies aber nichts anhaben.»

Cornelias Erwachsenwerden nimmt seinen Lauf, trotz ihrer Erkrankung. Nach der Chemo muss sie noch einen Monat lang nach Winterthur zur Bestrahlung – harmlos gegenüber der chemischen Keule, aber zeitaufwendig. Dann kommt irgendwann der Moment, in dem sie ihren ganzen Mut zusammennimmt und ohne Perücke, dafür mit dichtem Kurzhaar auf dem Kopf zur Schule geht. Niemand starrt sie mehr an. Eine gewisse Normalität stellt sich ein. Wenig später ist die erste Kontrolluntersuchung, vor der sie sich enorm fürchtet – ohne Grund, wie sich herausstellt.

«Zwei Jahre später machte ich in meiner alten Klasse die Matura, fast so, als wäre gar nichts gewesen. In den naturwissenschaftlichen Fächern schnitt ich mittelmässig ab, doch für die Maturaarbeit, die ich zusammen mit meinen Kolleginnen gemacht hatte, erhielt ich das bestmögliche Prädikat. Der Krebs hat mir eine völlig andere Sichtweise auf das Leben vermittelt. Ich kenne viele Jugendliche oder junge Erwachsene, die nicht recht wissen, was sie mit sich anfangen sollen. Sie vergeuden ihre Zeit und gehen achtlos mit der Gesundheit um, sie rauchen und kiffen. Mir liegt das fern, ich verstehe es nicht. Durch meine Erfahrung ist mir bewusst geworden, wie kostbar jeder einzelne Tag des Lebens ist. Man soll die Dinge, die einem wertvoll sind, nicht auf später verschieben, sondern sie im Moment tun.»

Cornelia Schwager hat in Fribourg Sozialarbeit und Sozialpolitik studiert. Eine tolle Zeit sei das gewesen, in der sie ein paar coole Leute getroffen habe, erzählt sie. Weiter die Schulbank zu drücken hat sie keine Lust mehr. Irgendwann möchte sie heiraten und eine Familie gründen, doch im Moment stehen die beruflichen Ziele im Vordergrund. Gegenwärtig sammelt sie bei der Krebsliga Schweiz erste Berufserfahrungen, befasst sich mit Zahlen und Fakten von Gebärmutterhals- und Dickdarmkrebs. Später möchte sie sich aber vom Thema Krebs lösen, um sich mehr der Prävention und Gesundheitsförderung zuzuwenden. Weil doch alles im Leben seine Zeit habe.

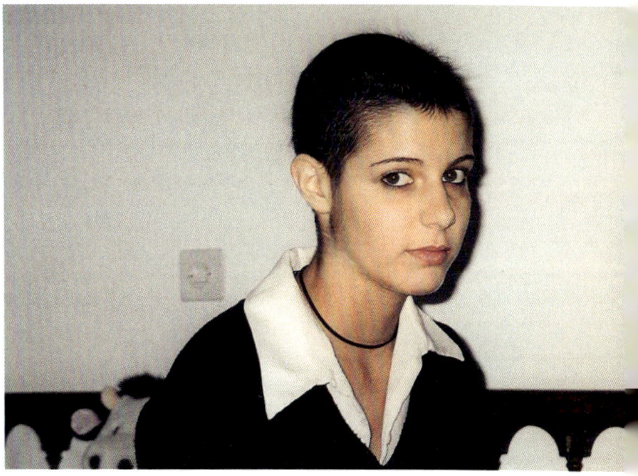

FOTO: PRIVAT

Robert Dill-Bundi

Unter Strom

Als bei Robert Dill-Bundi im Sommer 2006 ein Hirntumor diagnostiziert wird – zum dritten Mal nach 1999 und 2001, doch diesmal bösartig –, muss er damit rechnen, bald zu sterben. Eine neuartige Elektrotherapie verschafft dem Bahn-Olympiasieger von 1980 nicht nur eine Schonfrist, sondern gibt ihm neue Hoffnungen für die Zukunft. «Bundi, was bist du doch für ein glücklicher Käfer», sagt der 51-Jährige manchmal zu sich selbst.

An den Olympischen Sommerspielen 1980 in Moskau bestritt der Radrennfahrer Robert Dill-Bundi das Rennen seines Lebens. Die Spiele fanden unter besonderen Umständen statt: Die prominenten Nationen USA, Deutschland und Japan fehlten, ebenso 61 weitere, überwiegend westliche Staaten. Mit einem Boykott protestierten sie gegen den Einmarsch der damaligen Sowjetunion in Afghanistan und gegen die Verletzung von Menschenrechten. Das Schweizerische Olympische Komitee überliess den einzelnen Sportverbänden die Entscheidung, ob sie in Moskau antreten wollten oder nicht. Die meisten Schweizer Athleten entschieden sich für die Teilnahme – mit ihnen auch der 22-jährige Heisssporn Dill-Bundi aus dem Kanton Wallis.

Seine Spezialität war die Bahn. In der Einzelverfolgung, der Königsdisziplin in der Halle, trug er ein glänzendes rotes Trikot, das nahtlos in eine schwarze, glänzende Hose überging. Es war der weltweit erste massgeschneiderte Rennanzug in einem Stück, gefertigt nach einer Idee von Oscar Plattner, dem zweifachen Sprinterweltmeister und langjährigen Verbandstrainer der Schweiz. Auf dem Kopf trug der Schweizer – damals ein Novum – einen aerodynamisch geformten Fahrradhelm, den er sich von einem tschechischen Fahrer ausgeliehen hatte. Robert Dill-Bundi gewann die Bahnverfolgung überlegen. Sein Gold war eine von zwei Medaillen, welche die Schweiz von diesen Sommerspielen nach Hause trug. Unmittelbar nach dem Rennen kniete Dill-Bundi nieder und küsste die Bahn. Das Bild des Blondschopfes mit dem scheuen Gesicht, festgehalten vom Schweizer Fotografen Marcel Segessemann, ging damals um die Welt.

29 Jahre später trägt Robert Dill-Bundi auf dem Kopf keinen extravaganten Helm, sondern eine gewöhnliche Baseballmütze mit der Aufschrift «Swiss Team». Rad fährt er nicht mehr, stattdessen steuert er ein Auto, auf dessen Windschutzscheibe ein Behindertenschild klebt. Dill-Bundi fährt vorsichtig, langsamer als die erlaubten 50 Stundenkilometer innerorts, und vor Kurven bremst er behutsam ab. Aber immerhin fährt er Auto und bringt seine Besucherin vom Bahnhof zu seinem Arbeitsort. Das ist keine Selbstverständlichkeit für einen Mann, der seit über drei Jahren mit einem bösartigen Hirntumor lebt.

Unter der Baseballmütze, festgehalten mit einer Schicht weissen Pflasters, kleben auf seinem kahl geschorenen Schädel vier Elektroden. Diese jagen jede einzelne Sekunde, während 24 Stunden am Tag, einen Stoss von zwei Ampère Strom durch seinen Kopf. Ist eine Krebszelle seines Tumors im Begriff, sich zu teilen, wird sie im selben Moment zerstört; der Strom lässt sie förmlich explodieren. Die Elektroden hängen an einem 3,5 Kilogramm schweren Kasten mit einer aufladbaren Batterie, den Dill-Bundi tagein, tagaus mit sich herumträgt wie andere eine Handtasche oder eine Aktenmappe. Im Moment liegt das Gerät im Schoss der Besucherin auf dem Beifahrersitz, derweil der ehemalige Radrennfahrer am Steuer munter plaudert. Am Vortag habe er mit Freunden eine Flasche Wein gekippt, eine von der guten Sorte, schliesslich sei man hier in Aigle im Waadtland, und man könne ja nicht immer nur arbeiten, sondern müsse zwischendurch das Leben geniessen. Wie es ihm denn gehe, fragt man staunend. «Bestens», lautet der gut gelaunte Bescheid. Seit er krank sei, habe er kein Kopfweh mehr, und aufregen könne er sich auch nicht mehr. «Manchmal sage ich zu mir selber: ‹Bundi, was bist du doch für ein glücklicher Käfer – und was für ein Idiot bist du, dass du die Schönheiten des Daseins nicht schon früher bemerkt hast.›» Im Übrigen wäre er ohne diesen Kasten – Dill-Bundi klopft mit der Rechten herzhaft auf sein Stromgerät – längst nicht mehr am Leben.

Das futuristisch anmutende Gebäude des Welt-Radsport-Verbandes UCI (Union Cycliste Internationale), bei dem Dill-Bundi seit 2002 angestellt ist, liegt etwas ausserhalb von Aigle auf einem weitläufigen Gelände. An schönen Tagen ahnt man westlich davon das Glitzern des Genfersees, südlich und nördlich türmen sich die imposanten Unterwalliser beziehungsweise Waadtländer Gipfel, während sich über die tiefer liegenden Hügel die berühmten Aigler Rebberge ziehen. Die UCI ist an diesem Tag wie ausgestorben, weil die meisten ihrer Angestellten nach Mendrisio zur Radsport-Weltmeisterschaft gefahren sind. Robert Dill-Bundi hält mit einigen anderen die Stellung. Stolz führt er die Besucherin durch das Gebäude: durch die weite Empfangshalle, in der grosse Schautafeln und ausgestellte Rennräder über die Meilensteine des Radsports informieren, vorbei am Eingang zur Bahn mit ihrer windschlüpfrigen, geschwungenen Unterlage aus Holzparkett, hinauf in die Teppichetage, wo der Ex-Champion früher sein Büro hatte. Robert Dill-Bundi ist im Rang eines Managers für Public Relations zuständig. Extrovertiert und gut vernetzt mit ehemaligen Rennfahrern anderer Nationen, die inzwischen ebenfalls als Funktionäre arbeiten, ist er wie geschaffen für diese Aufgabe. «Einmal wollte mich mein Chef einer Delegation aus Frankreich vorstellen, doch die sagten, ‹nicht nötig, den Dill-Bundi kennen wir›», erzählt er grinsend. Mit seiner Krankheit könne er diesen Job allerdings nicht mehr ausüben: Wenn er jedes Mal eine halbe Stunde damit zubringen müsse, seinen Kabelsalat auf dem Kopf zu erklären, sei dies nicht sehr produktiv.

Heute sitzt Robert Dill-Bundi zwei Stockwerke tiefer im Grossraumbüro, in der Nähe einer Steckdose, wo er jede Stunde den Akku für seinen Stromkasten aufladen kann. Ist hier Endstation? «Nein», sagt er mit einem vielsagenden Schmunzeln. Er habe Träume, mehr noch: konkrete Pläne für die Zukunft. Die hätten sehr wohl mit dem Radsport zu tun, aber nicht in der Schweiz, nicht an diesem Schreibtisch. Sondern mit seiner jungen kubanischen Frau und seiner Liebe zum Süden.

Robert Dill-Bundi war 41, als es anfing mit der Krankheit in seinem Kopf. Damals wohnte er noch am Zürichsee, zusammen mit seiner ersten Frau und den drei Kindern. Nach dem Ende seiner Profikarriere 1988 hatte er, anders als so mancher ehemalige Spitzensportler, den Sprung in eine erfolgreiche Berufskarriere geschafft. Er arbeitete als Verkaufsleiter bei diversen Firmen wie etwa dem Diners Club. Daneben hielt er einige Mandate im Radsport, auf die er noch heute sehr stolz ist: Nationaltrainer der Junioren für Strasse und Bahn, sportlicher Direktor der Rennbahn Zürich-Oerlikon, Nationaltrainer der Bahnelite, später war er Mitglied der disziplinarischen Kommission der UCI und, für ihn besonders wichtig, Mitglied des Exekutivkomitees und des Gründungsrats des Centre Mondial du Cyclisme.

Damals, als sich seine gesundheitlichen Probleme erstmals mit einem Paukenschlag bemerkbar machten, sass Dill-Bundi an einem Februarabend des Jahres 1999 zu Hause vor dem Fernseher. «Ich schaute mir auf dem Deutschschweizer Sender eine ‹Club›-Sendung zum Thema Lawinen an, denn es hatte in diesem Jahr ausserordentlich viel geschneit», erzählt er. «Das Nächste, was ich wusste, war, dass ich mitten in der Nacht auf einer Trage in die Ambulanz transportiert und ins Spital gefahren wurde. Ich hatte einen heftigen epileptischen Anfall gehabt, den ersten und bisher einzigen in meinem Leben.» Die Ärzte entdeckten auf der Schichtröntgenaufnahme seines Kopfes einen Tumor, der ihm auf den Frontallappen drückte, gutartig immerhin. Die nachfolgende Operation verlief ohne Komplikationen. Zwei Jahre später hatte er ein Rezidiv – wieder gutartig. «Wieder hiess es, Deckel aufschneiden, raus mit dem Tumor und fertig.» Danach hatte er fünf Jahre lang Ruhe. Weil er inzwischen bei der UCI arbeitete, verlegte er die regelmässigen Kontrolluntersuchungen ins Universitätsspital Lausanne. Im Sommer 2006 begab er sich zu seinem vermeintlich letzten MRI, in der frohen Hoffnung, diese Geschichte endgültig abschliessen zu können. Doch er bekam klar und deutlich den Bescheid: Sie haben wieder einen Tumor. Diesmal bösartig. Sie müssen schleunigst operiert werden.

«Ich sagte, ‹ah bon, aber wissen Sie was, ich bin ein bisschen müde vom Operieren›», erzählt Dill-Bundi. «Als Sportler bin ich es gewohnt, mich zu spüren, auf meinen Körper zu hören. Er ist mein Werkzeug, c'est le résultat du cyclisme. Ich hatte extreme Angst, ein erneuter Eingriff würde mein Sprachzentrum treffen, sodass ich nicht mehr würde sprechen können. Das wollte ich auf keinen Fall.» Wie sich nach der Analyse einer Gewebeprobe herausstellte, war der Tumor ohnehin inoperabel. Er habe bereits Metastasen im Kopf, drei Monate nach einem chirurgischen Eingriff wäre er wieder am selben Punkt, beschieden ihm die Spezialisten.

Es folgte eine hoch dosierte Chemotherapie, kombiniert mit Radiotherapie, auf die Dill-Bundi gut ansprach. Doch er wurde dick, von 105 Kilo schnellte sein Gewicht innert Kürze auf 120 Kilo; in seinen besten Zeiten hatte er unter 86 Kilo auf die Waage gebracht. «Ich sah aus wie ein Schwein», rekapituliert er. Nun sei die Fresslust zwar eine bekannte Begleiterscheinung der Chemotherapie. «Aber wenn ein ehemaliger Olympiasieger und Weltmeister die Beine grätschen muss, damit er sich bücken und die Schuhe binden kann, dann tut das weh.» Der wirkliche Hammer kam neun Monate nach Therapiebeginn, als sich herausstellte, dass die Zytostatika den bösartigen Zellen in seinem Kopf nichts mehr anhaben konnten. Statt zu schrumpfen, begann der Tumor wieder zu wachsen. Hoffnung gab es jetzt praktisch keine mehr. Der Befund kam einem Todesurteil gleich. «Sie schickten mich nach Hause und sagten, sie würden mich benachrichtigen, wenn sie etwas anderes hätten. Das war kein Hit, als ich damals ins Auto stieg und heimfuhr.»

In diesem Moment fängt Robert Dill-Bundis Gerät an zu piepsen. Ein Alarm? Nein, es ist nur der leere Akku. Seelenruhig greift der Mann zu einem Koffer auf dem Regal neben seinem Schreibtisch, worin vier weitere Batterien in Reserve liegen, und entnimmt ihm einen aufgeladenen Ersatz. Zu Hause habe er einen weiteren Akku-Koffer, erklärt er, dazu zwei Sets mit Ersatz-Elektroden. Wenn er die Elektroden nicht im Spital wechseln könne, übernehme diesen Job manchmal seine Nachbarin, eine ausgebildete Krankenschwester.

Kurz nach dem Desaster mit der Chemotherapie erhielt Dill-Bundi von der Klinik Bescheid, es gebe für ihn eventuell einen Ausweg: eine klinische Studie, in der die Wirksamkeit einer neuartigen Elektrotherapie erprobt werde. Man sei in der Schweiz auf der Suche nach Probanden, und er, Robert Dill-Bundi, würde die Voraussetzungen für eine Teilnahme erfüllen. Die Versuchsteilnehmer würden ausnahmslos an Tumoren der virulentesten Form leiden, gegen welche die gängigen Behandlungsmethoden keine Wirkung mehr zeigten. Kurz: Man müsse «austherapiert» sein wie er, um für das Experiment in Betracht gezogen zu werden.

Robert Dill-Bundi unterschrieb ohne zu zögern das Formular, in dem er seine Zustimmung bekundete. «Wenn man Sie auffordert, mit dem Leben abzuschliessen, und plötzlich hält man Ihnen einen Strohhalm hin, dann greifen Sie zu», sagt er. Seither lebt er mit seinem Stromkasten im Schlepptau und den

Elektroden auf dem Kopf, drei Jahre bereits. In dieser Zeit ist der Tumor auf 20 Prozent des ursprünglichen Volumens geschrumpft. Das Gerät sei am Anfang etwas unangenehm gewesen, aber nach zwei, drei Monaten habe er sich daran gewöhnt, mit der Zeit sogar vergessen, dass da etwas auf seinem Schädel klebe. «Ausser, wenn sich die Elektroden aus Versehen lösen», erzählt er, «gerade vor ein paar Tagen ist mir das passiert: Da hat es mir einen Schlag versetzt, als ob ich den Kopf in die Steckdose gehalten hätte.» Zum Glück schalte sich der Kasten in einer solchen Situation von alleine aus.

Dill-Bundi weiss von anderen Studienteilnehmern, dass sie die Behandlung abbrechen mussten; sei es, weil sie die juckenden Fremdkörper auf dem Kopf nicht vertrugen, sei es, weil sie es nicht mehr aushielten, dauernd unter Strom zu stehen. Ihm selbst macht das nichts aus. Als ehemaliger Radrennfahrer ist er gewohnt, den Körper zu traktieren. Dill-Bundi war in seiner Aktivzeit ein Draufgänger, ein junger Wilder. «Auf dem Rennrad war ich ein Sauhund, habe meinen Gegnern auch in den schmerzvollsten Momenten nie eine Schwäche gezeigt.» Schnell zu fahren war genauso normal, wie brutal zu stürzen. «Wie Hackfleisch» hätten seine Beine manchmal ausgesehen, doch seinen Wunden habe er nie eine Träne nachgeweint. Er wollte nur immer möglichst schnell zusammengeflickt werden, damit er beim nächsten Rennen an den Start konnte. «So blöd waren wir», meint er heute.

Dill-Bundi nimmt seine Baseballmütze ab und kratzt das weisse Pflaster, das sich über seinen Schädel spannt. Die Elektroden jucken. Wenn er ehrlich sei, stelle das Gerät schon ein Handicap dar: Es hindere nämlich seine Frau und ihn daran, intim zu sein. Sie scheue im Bett vor seinem verkabelten Kopf zurück, und auch er fühle sich beim Gedanken an Sex nicht gerade wohl, wenn gleichzeitig der Akku piepse. «Deshalb bin ich froh, dass ich von dem Kasten ab und zu Ferien nehmen kann», sagt er. «Dann holen meine Frau und ich nach, was wir verpasst haben.» Seit vier Jahren ist der ehemalige Radprofi mit einer jungen Kubanerin verheiratet, Yamila heisst sie. Dill-Bundi lernte sie auf einer Ferienreise in Kuba kennen, einem Land, das er liebt. Weil die Menschen dort fröhlich sind, obwohl sie materiell nichts zu lachen haben. Die Familie seiner Frau besass fast nichts, bevor Dill-Bundi sie mit einem Teil seines UCI-Salärs regelmässig zu unterstützen begann. Seit der Hochzeit reisen er und Yamila regelmässig nach Kuba, dem Tumor zum Trotz. Sie wünscht sich ein Kind von ihm, «damit ich etwas von dir habe, wenn du nicht mehr da bist».

Doch der ehemals Todgeweihte rechnet nicht so bald damit zu sterben, im Gegenteil: Er schmiedet Zukunftspläne, ganz konkrete. Sein mittelfristiges Ziel sei es, in Südamerika ein Zentrum für junge Radsportler aufzubauen, ähnlich wie das Zentrum, welches die UCI in Südafrika errichtet habe. «Es gibt in diesen Ländern so viele begabte Radrennfahrer, die jedoch keine Möglichkeit haben, ihr Talent zu entfalten, weil ihnen die Infrastruktur fehlt, das Material, weil sie keine Trainer haben», erklärt Dill-Bundi. In zwei, drei Jahren möchte er seinen Plan umsetzen, die Unterstützung der UCI sei ihm dabei gewiss.

Und der Tumor? Glaubt er, dass die Krebszellen unter dem elektrischen Dauerbeschuss vollständig ausgemerzt werden?

Dass er das Gerät irgendwann ablegen kann? Dill-Bundi sagt nichts, stattdessen entnimmt er einem Ordner, der auf seinem Schreibtisch steht, ein paar Ausdrucke seiner vielen MRI-Unter-

FOTO: MARCEL SEGESSEMANN, BIEL

suchungen. Der Frontallappen mit dem Tumor ist deutlich zu erkennen. Auf dem ältesten Bild hat der Tumor das Ausmass eines Hühnereis, auf dem jüngsten Bild, das kürzlich gemacht wurde, ist er noch etwa so gross wie ein Zuckerei. «Wissen Sie, so ein Tumor ist ein schlauer Kerl, das ist seine Qualität», sagt Dill-Bundi schliesslich. «Der kriegt jetzt jeden Tag ein paar Ohrfeigen und wird dadurch kleiner. Zusammen mit meinem Glauben multiplizieren sich diese Ohrfeigen zu 100 Prozent, das hilft sicher viel. Aber messbar ist nur das MRI. Deshalb ist es mir nicht egal, ob die Batterien funktionieren oder nicht.»

Janis Rey

Kleiner Wikinger

Janis Rey aus Bern wächst in seinen ersten Lebensjahren mit Krebs auf. Er war gerade 14 Monate alt, als er an Leukämie erkrankte. Für ihn ist es selbstverständlich, neben Essen und Trinken täglich Medikamente zu schlucken. Für seine jungen Eltern Danielle und Lukas Rey ist die Krankheit des Buben die schwierigste Prüfung, der sie sich je stellen mussten.

Es ist genau 12 Uhr mittags am Montag, 6. Oktober 2008, als der Kinderonkologe Kurt Leibundgut den Kopf durch die Tür des Spitalzimmers streckt und Danielle Rey fragt, wo ihr Mann sei. Der befinde sich draussen und rauche gerade eine Zigarette, sagt die junge Frau – ob es nicht gut aussehe? Kurt Leibundgut schüttelt den Kopf. «Alles voll», antwortet er. «Können wir reden?» Der Bescheid kommt vorzeitig, das Gespräch sollte eigentlich erst um 4 Uhr am Nachmittag stattfinden. Danielle Rey ruft ihren Mann Lukas auf dem Handy an und sagt ihm, er solle sofort kommen. Dann wählt sie die Nummer ihrer Mutter und bittet sie ebenfalls zu kommen, um auf den Kleinen aufzupassen; Janis ist gerade mal 14 Monate alt. Zehn Minuten später sind sie im Zimmer des Berner Inselspitals versammelt: das Ehepaar Rey, Kurt Leibundgut, noch ein Facharzt, ein Assistenzarzt, die Psychologin, zwei Pflegefachfrauen – sie alle sind da, um dieses schwierige Gespräch zu führen, Trost zu spenden, die brennendsten Fragen zu beantworten. «Es war sackstark, das muss man zugeben», erzählt Lukas Rey. «Nie fiel das Wort ‹so›, das uns bedeutet hätte, dass die Fragestunde nun beendet wäre; sie nahmen sich alle Zeit, die wir brauchten.»

Als das Gespräch vorbei ist, gehen Danielle und Lukas Rey nach draussen in den Park. Sie sagen nicht viel zueinander, stattdessen nehmen beide ihre Handys hervor und beginnen wie getrieben, SMS zu verschicken. Freunde, Bekannte und Verwandte sollen es wissen, schonungslos: «Das Schlimmste ist eingetroffen. Janis hat Leukämie. Die Ärzte sagen: heilbar.»

Ein knappes Jahr später sitzen Danielle und Lukas Rey am Wohnzimmertisch ihrer Dreizimmerwohnung im Berner Länggassquartier und erzählen, wie sie diesen Moment, als sie mit der Krebsdiagnose ihres kleinen Sohns konfrontiert wurden, erlebt haben. «Es war ein Schock, fertig», sagt Lukas Rey. «Meine Gedanken kreisten sofort um den Tod, und wie unnatürlich es ist, wenn Eltern ihre Kinder überleben.» «Ein Schock war es schon», ergänzt Danielle Rey, «aber es kam ja nicht ganz unerwartet, nachdem sich Janis von seinem Fieberschub nicht mehr erholte. Wir hatten schon seit Wochen die Möglichkeit ins Auge gefasst, er könnte Leukämie haben.»

Janis, inzwischen 26 Monate alt, ist an diesem Tag bei seiner Grossmutter; die beiden sollen später zu unserem Treffen stossen. Es geht ihm gut. Nach einer sieben Monate dauernden intensiven Chemotherapie befindet er sich nun in der Phase der sogenannten Erhaltungstherapie. Der Alltag des Buben unterscheidet sich nicht mehr allzu sehr von dem eines gesunden Kleinkindes. Auch das Leben der Eltern hat sich wieder etwas normalisiert. Aber genügend Zeit, um zur Besinnung zu kommen, hatten sie bislang keine.

Danielle Rey, 33, ist Realschullehrerin in Wimmis, Lukas Rey, zwei Jahre älter als seine Frau, steht ein Jahr vor dem Abschluss zum Sozialarbeiter in Bern. Früher hat auch er unterrichtet, als Werklehrer. Sie hatten sich seinerzeit am Lehrerseminar in Spiez kennengelernt, für beide war es bereits die zweite Berufsausbildung. Sie sind ein sympathisches Paar: aufgeschlossen, witzig, urban, an Architektur und Design interessiert. Die Wohnung im Länggassquartier ist voll von Objekten, die Lukas selbst kreiert hat, den grossen Wohnzimmertisch etwa oder die darüberhängende Lampe. Eine Zeit lang versuchte er, mit solchen Kreationen ein Geschäft zu machen, doch das habe sich nicht rentiert.

Janis ist das erste Kind des Ehepaars, ein Wunschkind. Nach einer nicht ganz komplikationslosen Schwangerschaft und einer schwierigen Geburt ist Danielle sehr darum bemüht, dem kleinen Buben zu einem gesunden Start ins Leben zu verhelfen. Sie stillt ihn elf Monate lang, und für die ersten Breimahlzeiten verwendet sie ausschliesslich Bioprodukte. «Janis war im ersten Lebensjahr kein einziges Mal krank, er war ein strammer kleiner Kerl», erzählt sie. Deshalb machen weder sie noch ihr Mann sich Sorgen, als der Bub nach seinem ersten Geburtstag gleich zweimal hintereinander die Sommergrippe bekommt. Und auch als das Fieber an einem Samstag Anfang September, Lukas und Danielle sind an diesem Tag zu einer Hochzeit eingeladen, auf 40 Grad ansteigt, bleiben die Eltern ruhig – hohes Fieber ist bei Kleinkindern schliesslich nichts Ungewöhnliches. Doch als Danielle vor dem Aufbruch zur Sicherheit noch schnell den Arzt konsultiert, stellt dieser bei Janis ein sehr schlechtes Blutbild fest: Die roten Blutkörperchen sind im Keller. Weitere Untersuchungen in der Kinderklinik sind angezeigt, die Einladung fällt ins Wasser, im Inselspital wartet man schon auf sie. Dort werden im Lauf des Tages und der sich hinziehenden Tests laufend neue Verdachtsmomente geäussert. Hirnhautentzündung, Blutvergiftung, Lungenentzündung werden genannt, doch am Ende herrscht keine Klarheit. «Janis verbrachte eine ganze Woche im Spital und wurde schliesslich mit der Diagnose eines ‹viralen Infektes ohne Keimnachweis› entlassen», erzählt Danielle Rey, «die Blutwerte sollten wir weiterhin jeden zweiten Tag kontrollieren lassen.» Die roten Blutkörperchen bleiben weiterhin tief – aber nichts im Blut deutet darauf hin, dass der kleine Bub an Leukämie erkrankt sein könnte.

Zwei Wochen später steigt das Fieber wieder über 38,5 Grad. «Dazu schien er Schmerzen im Becken zu haben», sagt Lukas Rey. «Wenn er seinen Stuhl in die Windel drückte, stellte er sich auf die Zehenspitzen und wimmerte. Den Ärzten im Inselspital gefiel das nicht mehr, denn ein typisches Anzeichen von Leukämie sind Knochenschmerzen.» Um Gewissheit zu erlangen, müssen sie Janis' Knochenmark untersuchen. Die Punktion wird auf Montag, den 6. Oktober, um 8.30 Uhr morgens angesetzt, eine Probe wird für eine genetische Analyse nach Zürich geschickt. Diese Untersuchung muss nicht abgewartet werden. Schon dreieinhalb Stunden später liegt der eindeutige Befund vor: Janis leidet an einer akuten lymphatischen Leukämie. 95 Prozent der Zellen in seinem Knochenmark sind Leukämiezellen – bösartig entartete Vorläuferzellen der Lymphozyten, einer Kategorie der «weissen Blutkörperchen». Der Kinderonkologe Kurt Leibundgut sagt dem Ehepaar Rey als Erstes, diese Leukämie könne man gut behandeln, bei Kindern betrage die Heilungsrate 80 Prozent. «Diese Information hat uns in unserem emotionalen Tumult sehr beruhigt», erinnert sich Lukas Rey. «Er sagte sogar: ‹Feld-Wald-und-Wiesen-Leukämie›.»

Was nun folgt, erleben Danielle und Lukas Rey zeitweise wie einen Film mit ungeheuer schnellen Schnitten. Im Spital wird unverzüglich mit der Chemotherapie begonnen, 28 Tage lang erhält Janis Cortison, das die Leukämiezellen zwar erfolgreich im Knochenmark abtötet, die Persönlichkeit des kleinen Buben aber verändert wie einen Handschuh, den man umgedreht hat: Aus dem fröhlichen Kerlchen wird ein depressives, melancholisches Kleinkind. «Vier Wochen lang lag er einem auf der Brust und jammerte, wenn er nicht gerade schlief», erzählt Lukas Rey. Neben den Spritzen, die er in die Venen und später in einen unter das Schlüsselbein implantierten Portkatheter bekommt, muss Janis manche Medikamente auch schlucken, abscheulich schmeckende Substanzen, die ihm seine Mutter durch Zureden und mit Hilfe eines Stoffschweinchens, des «Medisäulis», verabreicht. Danielle sagt: «Es war meine tiefste Überzeugung, dass er dieses Zeug einfach nehmen musste, dass es kein Pardon gab, und ich glaube, dieses Gefühl übertrug sich irgendwie auf ihn.»

Nach vier Wochen, der sogenannten Induktionsphase, erhält Janis seine Medikamente nach einem Programm, das individuell auf ihn zugeschnitten ist. «Chemokasper-Plan» heisst die Chemotherapie im Jargon der Kinderonkologie, nach einem gleichnamigen Bilderbuch, das den Kindern die Krankheit und die Therapie erklärt. Die Daten von Janis' Leukämiezellen sind von der Klinik in eine weltweit vernetzte Datenbank eingespeist worden, und anhand dieses Abgleichs haben die Ärzte einen möglichst optimalen Therapieplan eruiert. Jeden Tag verläuft die Medikamentenabgabe etwas anders, Danielle hat sich den Plan säuberlich auf ein Monatsblatt notiert, die Struktur hilft ihr, mit dem Geschehen besser zurande zu kommen. Wenn ein Tag vorbei ist, zeichnet sie auf das Blatt ein Smiley.

Nach zweieinhalb Wochen Spital wird die Therapie zu Hause fortgesetzt. Während Lukas Rey sich unter anderem um den Papierkrieg kümmert, den Janis' Erkrankung nach sich zieht, lässt sich Danielle Rey in der Schule krankschreiben, um fortan die Betreuung zu übernehmen. Sieben Monate verbringt sie mit Janis praktisch rund um die Uhr in der Dreizimmerwohnung – es ist der totale Rückzug aus dem Gewohnten. Sie erzählt: «Ich sagte mir, ich muss hier mein Allerbestes geben, eine andere Chance habe ich nicht, den Krankheitsverlauf zu beeinflussen. Dabei habe ich nichts geplant, nie langfristig gedacht, sondern einen Moment nach dem anderen genommen wie ein Uhrwerk:

Jetzt muss ich dieses Medi geben, jetzt kommt die Spitex, jetzt muss ich noch den Mund kontrollieren, jetzt muss ich kochen, essen, jetzt ziehen wir uns an, jetzt gehe ich ins Bett, jetzt stehe ich wieder auf. Ich konnte von dem Geschehen überhaupt keinen Abstand nehmen. Es war, als wäre ich aus meinem bisherigen Leben hinausgekippt, gleichzeitig wusste ich, dass diese Zeit begrenzt war und dass ich sie unbedingt investieren wollte.» Ihre Sorgen lässt sie sich Janis gegenüber nicht anmerken. Aber sie wird dünnhäutig. Wenn sie in der Zeitung von einem verunfallten Kind liest, steigen ihr die Tränen hoch.

Lukas Rey fängt nach Janis' Therapiebeginn relativ rasch wieder an zu arbeiten. Er ist in dieser Zeit als Betreuer in einer Werkstatt für psychisch Kranke tätig. Dieses Umfeld erlaubt es ihm, das Schicksal seines kleinen Sohnes mit anderen Leuten zu teilen, er kann seine Trauer rauslassen. «Für mich war es eine relativ gute Zeit», resümiert er. Lukas schweigt nachdenklich, Danielle schenkt Kaffee nach.

In diesem Moment klingelt es an der Wohnungstür – Janis und seine Grossmutter kündigen sich an. Einen Moment später steht der kleine Bub im Wohnzimmer und beäugt kritisch, aber nicht unfreundlich die Besucherin. Er ist ein stämmiger Blondschopf mit blauen Augen, die Wangen etwas aufgequollen vom Cortison, das diese Woche auf dem Therapieplan steht. Grosses Hallo bei den Eltern. «Sali, mis Mandli», ruft Lukas und lacht, Danielle nimmt ihren Sohn in die Arme und küsst ihn. Janis öffnet das Geschenk, das die Besucherin mitgebracht hat: ein kleiner Wikinger von Playmobil. Die Plastikfigur fasziniert ihn, er dreht und wendet sie in seinen Patschhändchen und versucht, dem Wikinger den hörnerbewehrten Helm auf den Kopf zu drücken. «Das Maa», sagt der Kleine begeistert. Bevor er mit der Grossmutter nochmals rausgeht auf den Spielplatz, heisst ihn seine Mutter ein Jäckchen anzuziehen, aber das will Janis nicht. «Nei!», sagt er kategorisch, «neeii!» Und dabei bleibt es.

Wüsste man nicht um die besonderen Umstände dieser Situation, man könnte die Reys für eine ganz normale städtische Kleinfamilie halten. Und nie würde ein Aussenstehender auf die Idee kommen, dass Janis krebskrank ist. Äusserlich ist er ein gesund aussehender, aufgeweckter Zweijähriger, der gerade eine Trotzphase durchmacht. Ein kleiner Wikinger halt. Doch diese Normalität ist nur vordergründig. Lukas und Danielle Rey wissen auf den Tag genau, wann Janis' Therapie enden wird – nämlich am 9. Dezember 2011, das Datum steht seit einem Jahr fest –, und ebenso bewusst ist ihnen, dass dann das grosse Zittern erst anfängt: die Angst vor einem Rückfall. In den ersten sechs Monaten nach Therapieende ist das Risiko eines Rückfalls am höchsten. Es betrifft etwa 20 Prozent der leukämiekranken Kinder, das bedeutet: 80 von 100 «ziehen sauber durch», wie Danielle Rey sich ausdrückt. An diesem Zahlenverhältnis halten sie und ihr Mann sich fest.

Doch für die Beziehung des Ehepaares ist die Krebserkrankung ihres Sohnes eine enorme Belastungsprobe. Das gemeinsame Leid hat sie nicht automatisch zusammengeschweisst, im Gegenteil. Besonders konfliktbeladen ist die Frage nach weiteren Kindern: Sie möchte – er nicht. Sie argumentiert, der Zeitpunkt für eine Schwangerschaft wäre jetzt gegeben, da Janis' Krankheit für zwei Jahre stabil bleibe. Er hingegen kann sich nicht mehr vorstellen, noch einmal ein Kind in die Welt zu setzen, noch einmal zu riskieren, dass es vielleicht todkrank wird.

Eine Weile herrscht bedrücktes Schweigen im Raum. «Wir versuchen, gelassen zu bleiben und das Vertrauen nicht zu verlieren», sagt Danielle schliesslich versöhnlich. «Abgesehen von einigen Hängern gelingt uns das meistens», bestätigt ihr Mann. Auch in einer Trauer gebe es sehr viel Positives, sehr viel Freude. Ein Dozent von ihm habe einmal gesagt: Auch wenn Janis sterbe, dann hätten sie ihn gehabt. «Man kann das Leben nicht planen», sagt Lukas Rey. «Das Leben ist eine Gratwanderung, ein Hauch. Zwischen gesund und krank liegt ein Hauch.»

FOTO: PRIVAT

Mit Stift und Papier

Dass er vor 30 Jahren an Lymphdrüsenkrebs erkrankte, hat der Künstler Ted Scapa nie in die Öffentlichkeit getragen. Seine Antwort auf den Krebs war so trotzig wie typisch: wenig Worte – «das geht nicht, das will ich nicht!» –, viel Zeichnung. Der gebürtige Holländer, der wie kein Zweiter die Kreativität in den Menschen zu wecken vermag, ist überzeugt: Jeder hat Ressourcen, um dem Krebs etwas entgegenzusetzen.

GELIFTET!
CÉSAR KEISER
MARGRIT LÄUBLI
FRISCHGELIFTET
JULY
D'BEA CHUNNT

Ted Scapas grosses, helles Atelier in einem Berner Altstadthaus am Nydeggstalden, zu dem man über drei steile Treppen hinaufsteigt, ist voller Zeichen einer überbordenden Kreativität. Überall Bücher und Plakate, Prospekte von Ausstellungen und Projekten, da ein Glas mit Pinseln, dort ein Packen Stifte, viel Papier, doch kein Computer, an der Wand eine übergrosse Agenda 2009, vollgeschrieben mit Terminen. «Tinguely Basel» fällt ins Auge oder «Müll-Recycling» oder «Vernissage Bern» – kein Zweifel, da ist einer trotz seiner 78 Jahre noch voller Tatendrang.

Der Bewohner dieses kreativen Raums empfängt die Besucherin mit neugierigen Augen, die gleichzeitig einen Anflug von Traurigkeit erkennen lassen. Das zurückgekämmte graue Haar fällt im Nacken lang auf die Schultern, um den Hals ist ein bunt bedrucktes Tuch geschlungen. «Was möchtest du trinken?», fragt er mit seinem charakteristischen holländischen Akzent. Ted Scapa, 1931 in Amsterdam geboren, duzt fast alle Menschen aus Prinzip; vielleicht, weil er Zeit seines Lebens ein grosser Kinderfreund gewesen ist, vielleicht auch, weil er sich Konventionen und Etikettierungen konsequent entzieht: Er ist ein Allround-Künstler, Kunstmaler, Sammler, Cartoonist, Autor, Teppichmacher, Verleger. Als langjähriger Leiter des Berner Benteli Verlags brachte er zwischen 1962 und 1992 eine grosse Anzahl Bücher über Kunst, Humor, Finanzwirtschaft oder Gastronomie heraus. «Scapa war als Verleger ebenso schnell wie als Zeichner», konstatierte die Zeitung «Der Bund» anlässlich seiner Ausstellung im Tinguely-Museum Anfang 2009. Scapa zeigte dort einen Teil der Trouvaillen, die er und seine Frau Meret im Lauf von 30 Jahren gesammelt und auf Schloss Vallamand am Murtensee, ihrem Wohnort, installiert hatten. «Ein ungebändigtes Sammelsurium, zusammengetragen ohne Konzept, dafür mit einer Sammelleidenschaft, die sich nicht darum schert, ob etwas Kitsch oder Kunst ist», urteilte die Presse.

Viele, inklusive die Autorin dieses Buches, sind mit Ted Scapa sozusagen gross geworden, als der sechsfache Vater in den 1960er- und 1970er-Jahren im Schweizer Fernsehen die Kindersendung «Spielhaus» moderierte. Andere, Kinder wie Erwachsene, entdecken in seinen Workshops die eigene Kreativität. Im jährlich stattfindenden «Art-Recycling» in Bern zum Beispiel verwandeln Kinder unter Scapas Leitung Schrott in Kunstwerke. Oft arbeitet er auch mit behinderten Kindern und bringt diese mit nichtbehinderten zusammen. Nach 15 Minuten sei nicht mehr erkennbar, welche Kinder zu welcher Gruppe gehörten, erzählt er.

Immer unterwegs, immer engagiert, voller Ideen und Fantasien: So ist Ted Scapa in der Schweiz bekannt. Von vielen Menschen geliebt, von der Kulturkritik oft geschmäht, weil er sich nicht ins Schema fügt. «Es ist schwer zu sagen, wo er genau hingehört», beschreibt ihn ein Kunstkenner, «er lässt sich eigentlich nirgends einreihen.» Zweifellos ist er ein Individualist. Scapa selbst sagt, Kunst sei für ihn eine «grenzüberschreitende Erfahrung: ohne Trennung zwischen gut und schlecht, banal und hochstehend, schwarz und weiss.» Hauptsache kreativ.

Ein Etikett, das definitiv nicht zu diesem rührigen Mann passt, ist das Wort «Krebsopfer». Doch Ted Scapa hat tatsächlich eine Krebsgeschichte, er litt an Lymphdrüsenkrebs. Etwa 30 Jahre ist das her, vielleicht auch länger, so genau weiss er es nicht mehr, weil er die Krankheit verdrängt und auch kaum jemandem davon erzählt hat. «Es fing damit an, dass ich eines Tages ein bisschen Mühe mit Schlucken hatte», erzählt er knapp, während er mit der Besucherin eine Flasche Cola und ein Päckchen Vollkornbiskuits teilt; die Kaffeemaschine weiss er leider nicht zu bedienen, und seine Assistentin, die in solchen Fällen normalerweise hilft, ist an diesem Tag gerade nicht da. – Im Spital wurde der Tumor weggeschnitten, seither trägt er um den Hals das charakteristische, von ihm selbst entworfene Tuch. Hatte er Chemotherapie? Bestrahlung? «Ich glaube ja», erinnert er sich vage, sein Blick schweift ab. Das Medizinische überliess Scapa damals ganz den Ärzten, weil es seiner Meinung nach in ihre Hände – und nur in ihre – gehörte.

Seine Antwort auf den Krebs war gleichermassen trotzig wie typisch: wenig Worte – «das geht nicht, das will ich nicht!» –, viel Zeichnung. Schon im Spital griff Scapa zum Stift, um die Krankheit innerlich nicht an sich heranzulassen; um Distanz zu schaffen, ihr etwas entgegenzusetzen. Daraus entstand ein Buch mit dem schlichten Titel «Bäume», das 1980 im Benteli Verlag erschien. Auf seinen nachdenklich-humorvollen Stil oder die vielfältige Art und Weise, mit einem Thema umzugehen, habe die Krankheit nicht abgefärbt, sagt er. Im Buch selbst ist seine Krebserkrankung mit keiner Silbe erwähnt. Dass er aber gerade den Baum wählte, war kein Zufall. Das hatte symbolischen Charakter.

Der Baum, jedes Kind weiss das, steht für das Leben schlechthin. «Es gibt keine Kultur, die ihn nicht verehrt, als Symbol der Verwurzelung, der Kraft und Verletzlichkeit, des Werdens und Vergehens, der Verbindung von Himmel und Erde, als Sinnbild menschlichen Wachsens, Reifens und Sterbens sowie als Sitz der Seele», schreibt Gion Condrau im Vorwort von Scapas Buch. Da ist der «Baum der Erkenntnis und des Lebens», wie wir ihn aus der Bibel kennen. Oder das auch bei uns bekannte chinesische Sprichwort, wonach der Mann für ein erfülltes Leben einen Sohn gezeugt, ein Haus gebaut und einen Baum gepflanzt haben soll. Bekannt auch die Zuversicht Luthers, der einmal meinte: «Wenn ich wüsste, dass morgen die Welt untergeht, würde ich heute noch ein Apfelbäumchen pflanzen.» In unserer Alltagssprache ist der Baum ebenfalls reich vertreten. Wer wie ein Baum verwurzelt ist, den oder die bringt nichts so schnell zu Fall. Und wenn eine Frau ihren ersten Sohn zur Welt bringt, so gilt dieser Sprössling – Emanzipation hin oder her – noch immer als Stammhalter.

Die wortlosen Streifzüge Ted Scapas in die Symbolwelt des Baums, obwohl er mit den herkömmlichen Metaphern spielt, gehen weiter, sind fantasievoll, oft unmöglich. Man spürt dahinter seinen Humor ebenso wie seine Ernsthaftigkeit, stellenweise auch die Angst vor dem Tod. Zum Beispiel in jener Zeichnung, in der ein Mann in der grünen Farbe, die sich, aus dem Baum abfliessend, zu einem Teich sammelt, gegen das Ertrinken kämpft. In einer anderen Zeichnung wird ein Autofahrer von einer Baumkrone erschlagen. Auf einer Doppelseite schwebt eine Krone als Wolke davon, zurück bleibt inmitten gesunder Bäume ein schrecklich anzusehendes Baumskelett.

Gion Condrau schreibt: «Gelegentlich erinnern die gezeichneten Geschichten an Morgenstern und an Kästner, dann wieder verwandelt Scapa seine Bäume in Kunstwerke von Picasso, Calder, Christo, Giacometti, Tinguely und Mondrian. Es fehlen weder der Clown noch der Leuchtturm, weder die Überheblichkeit des wohlgenährten modernen ‹Bonzen› im Balanceakt mit dem Baum noch die Indigniertheit des von einem Pudel missbrauchten Baums. Dass auch die Bäume zu Hochhäusern für Vögel werden, die es nicht mehr nötig haben, sich in den Ästen aufzuhalten, und dass der Mensch mit einem Finger, wie beim Dominospiel, eine ganze Baumflucht umwerfen kann, wird mit feiner Ironie gezeichnet. Der verblutende Baum erinnert daran, das der Mensch mit einem einzigen Axthieb Leben vernichten kann ...»

Ted Scapa will nicht erklären, was er damals mit Stift und Aquarellfarben zu Papier brachte. Er ist überzeugt: Die Bilder sprechen für sich, «ohne Worte». Trotzdem formuliert er an Krebskranke eine Botschaft, die in der eigenen Erfahrung begründet ist: «Wenn man Krebs hat, soll man versuchen, sich irgendwie zu wehren», sagt er. «Jeder hat Ressourcen, sei es Malen, Werken, Musizieren, Schreiben, es gibt so viele Möglichkeiten.» Manchmal sei dies auch eine Frage des Coachings. Viele Kinder, davon ist Scapa überzeugt, würden im Spital mehr profitieren, wenn man mit ihnen ein bisschen malen würde, statt den Clown zu schicken.

Kürzlich hat Scapa einen kleinen Geschichtenband illustriert, den ein todkranker Krebspatient im Spital geschrieben hatte. Der Mann habe auf diese Weise Rückschau auf sein Leben gehalten mit der Absicht, sich zu verabschieden. «Doch dann wurde es ein Abschied aus der Klinik, er erholte sich wider Erwarten», erzählt Scapa. Der Geschichtenband trägt den Titel «Time for a Smile».

Von seiner eigenen Krebserkrankung hat Ted Scapa in der Öffentlichkeit nie Aufhebens gemacht. Doch die Erfahrung hat ihn geprägt. Seit Jahren engagiert er sich für die Krebsliga Schweiz, sei es mit Kreativ-Workshops für die Mitarbeitenden, sei es mit Gebrauchsgegenständen wie einem kleinen Bären, den er für krebskranke Kinder entworfen hat. «Ich bin dankbar, dass ich überlebt habe und nie einen Rückfall hatte», sagt er schlicht.

Von Schmerz und unendlicher Trauer allerdings blieb der alte Mann trotzdem nicht verschont. Das Unfassbare geschah 2005: Damals brachte seine Tochter Ghita, die in Hongkong über das chinesische Eherecht promoviert hatte und seine engste Vertraute in Sachen Kunst war, mit 42 Jahren Zwillinge zur Welt. Doppeltes Glück für Eltern und Grosseltern, sollte man meinen. Doch zwei Tage später starb sie an einem Aortariss. Wie es zu dem Drama kommen konnte, ist bis heute nicht geklärt. Scapas Blick, der sonst mit einer heiteren Gelassenheit auf seinem Gegenüber ruht, ist unendlich traurig. Tag für Tag denke er an seine Tochter, sagt er, er vermisse sie schmerzlich, für seine Frau Meret sei es noch schlimmer. Dazu kam ein weiteres Drama: Kurz nach Ghitas Tod hatte Scapas Frau einen Sturz, der sie beinahe in den Rollstuhl gebracht hätte. Sie war acht Monate lang im Paraplegikerzentrum Nottwil, um wieder gehen zu lernen, wenn auch an Krücken.

«Wenn solche Dramen geschehen, hat man zwei Möglichkeiten: von der Brücke zu springen oder irgendwie vorwärtszugehen», sagt Ted Scapa. Er selbst hat sich für den Weg nach vorne entschieden: mit seinem Zeichenstift, mit seiner kritischen Heiterkeit, mit seiner Neugierde, die ungebrochen ist. Arbeiten ist seine Therapie. «Der Mensch hat nun mal sein eigenes Leben, und er ist selbst dafür verantwortlich.»

Maricel Marin-Kuan

Odyssee einer Amazone

«Leben wie zuvor» – diesen Leitsatz haben sich viele Frauen, die an Brustkrebs erkrankt sind, auf die Fahne geschrieben. Dank medizinischem Fortschritt und hilfreichen Netzwerken für brustoperierte Frauen gelingt es vielen, in ein normales Leben zurückzufinden. Nichts sehnlicher als dies wünschte sich auch Maricel Marin-Kuan aus Lausanne. Doch die Wissenschaftlerin hatte nicht damit gerechnet, dass der Preis dafür so hoch sein würde.

Wann ist eine Frau eine Frau? Zumindest in ästhetischer Hinsicht bestehen dazu in unserer Gesellschaft recht klare Vorstellungen: Eine – schöne – Frau ist jung, hat eine schlanke Figur mit einer ausgeprägten Taille über den gebärfreudigen Hüften, sie hat weiche Haut, langes Haar und, sozusagen als Krone ihrer Weiblichkeit, schöne und volle Brüste. Auf jeder Seite eine. Diese Gemeinplätze gehen Maricel Marin-Kuan durch den Kopf, als sie sich in Paris die Ausstellung der «Amazones» anschaut, einer Gruppe von brustoperierten Frauen in Frankreich, die für das Recht auf Einseitigkeit kämpfen. Hängt meine Weiblichkeit, meine Identität wirklich an meinem Busen, fragt sich Maricel, als sie die ungewöhnlichen Frauenbilder betrachtet. Bin ich als Person unvollständig, wenn mir eine Brust fehlt? Zählen Ästhetik und äussere Wahrnehmung mehr als meine Befindlichkeit, mein Leben? Ermutigt durch das Erlebte und durch viele gute Gespräche mit gleichgesinnten Frauen setzt sie sich in Paris im Gare de l'Est wieder in den Zug. Ihr Entschluss steht fest.

Zurück in Lausanne, wo sie seit knapp zehn Jahren mit ihren beiden Söhnen zu Hause ist, sucht sie in der Klinik ihren Chirurgen auf und teilt ihm mit: Ich kann nicht mehr! Ich will das Ding raus haben! Zu viert reden die Ärzte danach auf sie ein: Es könne doch unmöglich ihre Absicht sein, fortan mit asymmetrischer Brust zu leben. Eine junge Frau wie sie. Man könne nach den Misserfolgen mit dem Silikonkissen versuchen, die Brust mit Gewebe aus ihrem Unterbauch wiederaufzubauen. Sie sei ja schliesslich nicht am Sterben. «Aber ihr müsst ja auch nicht mit meinen Schmerzen leben», kontert sie freundlich, jedoch bestimmt. Sie habe den Brustkrebs als Teil ihres Lebens akzeptiert, so, wie man etwa einen schrecklichen Unfall nach einer gewissen Zeit in die eigene Biografie integriere. Doch jetzt wolle sie ihr Leben zurück.

Schliesslich setzt sie sich durch, wenigstens beinahe: Als ihr die Ärzte das Silikonkissen an der Stelle entfernen, wo einmal ihre linke Brust gewesen ist, schneiden sie die überschüssige Haut nicht weg, sondern lassen sie eingerollt unter der Narbe stehen – für den Fall, dass Maricel irgendwann ihre Meinung ändern sollte.

«Einmal mehr hatten andere für mich entschieden, ohne mich zu fragen», sagt Maricel Marin-Kuan, während wir in der Lobby eines Hotels in der Nähe des Lausanner Bahnhofs sitzen. Sie ist gerade von etwas ausserhalb der Stadt gekommen, vom Forschungszentrum eines grossen Nahrungsmittelkonzerns, wo die 43-Jährige als Wissenschaftlerin arbeitet. Sie ist eine schöne Frau mit dunklem Teint und südländischen Gesichtszügen, die aber etwas traurig und angespannt wirken. Zahlreiche Silberfäden durchziehen die halblangen Haare. An den Füssen trägt sie schlichte schwarze Schuhe mit flachen Sohlen.

Maricel Marin-Kuan war Ende 20, als sie im Rahmen eines Studentenaustauschs zum ersten Mal in die Schweiz kam. Sie stammt aus Bogotá in Kolumbien und hatte in Cali Biologie studiert. Am CHUV (Centre Hospitalier Universitaire Vaudois) in Lausanne hatte sie die Möglichkeit, sich mit Molekularbiologie zu beschäftigen. Als man ihr anbot, sie solle das Studium in Kolumbien beenden und dann nach Lausanne zurückkehren, um am CHUV zu promovieren, nahm sie die Chance wahr.

Die Aussicht auf eine wissenschaftliche Karriere in der Schweiz war nur ein Grund. Ebenso reizte sie die Möglichkeit, den schwierigen Verhältnissen ihres Heimatlandes zu entkommen und als alleinerziehende Mutter ihren beiden Söhnen und sich selbst ein anderes Leben bieten zu können. «In Kolumbien herrschte seit Jahrzehnten Bürgerkrieg, und ich hatte mit dem Gefühl der andauernden Bedrohung grosse Probleme», erzählt Maricel. «Man kann sich zwar daran gewöhnen, dass die Kinder auf der Strasse nicht sicher spielen können oder dass man sie nicht unbegleitet in die Schule schicken darf. Aber wenn sich die Gelegenheit auf bessere Lebensumstände eröffnet, dann ergreift man sie. Auch wenn ich dabei ein schlechtes Gewissen hatte, weil ich meine übrige sehr grosse Familie mit ihren Problemen zurückliess.»

1996 zog Maricel mit ihren Söhnen Andrés und Christian, die damals acht und elf Jahre alt waren, definitiv nach Lausanne. Das Schicksal schien es gut mit ihr zu meinen. Das Leben in der neuen Heimat war zwar nicht immer einfach, mit der fremden Sprache und den anderen Werten. Doch insgesamt integrierte sich die Kleinfamilie aus Kolumbien recht gut. Die beiden Buben besuchten in Lausanne die Primarschule und später das Gymnasium, Maricel arbeitete am CHUV an ihrem Doktor, wobei sie gleichzeitig das Familieneinkommen verdienen musste. «Es war hart, aber ich hatte ein Ziel, das ich unter allen Umständen erreichen wollte», erzählt sie. Als sie nach fünf Jahren abschloss, fand sie problemlos eine Stelle. Ein wichtiger Schritt war geschafft.

Wie gerne hätte sich Maricel Marin-Kuan in den folgenden Jahren voller Energie in den neuen Lebensabschnitt gestürzt. Den akademischen Titel im Rucksack, die Kinder schon halbwegs «draussen», die beruflichen wie auch privaten Perspektiven intakt, die Gesundheit bestens – endlich konnte das Leben beginnen. Doch es sollte anders kommen. Nur ein Jahr später wurde sie krank, und für die junge Frau relativierte sich alles: Wozu die ganze Anstrengung? Was spielten ihre Qualifikationen noch für eine Rolle? Wozu die Heimat aufgeben für ein besseres Leben, wenn sie nicht gesund war? «Es war eine Konfrontation, wie ich sie noch nie zuvor erlebt hatte», sagt Maricel. «Ich war zwar gewohnt, mit Schwierigkeiten und Hindernissen umzugehen, ich war gewohnt zu kämpfen. Als ich krank wurde, wollte ich auch kämpfen, aber ich hatte keine Ahnung wie. Und ob ich Erfolg haben würde, war genauso ungewiss. Ich war gerade 36 Jahre alt und hatte mit dieser Geschichte überhaupt nicht gerechnet. Es war, als ob man mir ein Zugticket in die Hand gedrückt hätte, aber es war der falsche Zug, und ich musste einsteigen und die Fahrt antreten, ob ich wollte oder nicht. Das Schlimmste dabei war die Vorstellung, dass meine Kinder mich verlieren könnten, dass ich nicht mehr für sie da sein würde.»

Sie hatte den Arzt aufgesucht, weil sie einen Knoten in der linken Brust verspürte. Der Gynäkologe beruhigte sie voreilig: Sie sei zu jung für Brustkrebs. Auf dem Ultraschallbild war der Knoten zwar deutlich erkennbar, doch er wies scharf definierte Konturen auf, was nach Lehrmeinung eher auf einen gutartigen Tumor schliessen liess. Nur weil Maricel, wohl durch eine Vorahnung alarmiert, während der Untersuchung völlig ausser sich geriet und heftig weinte, bot der Arzt an, «zur Sicherheit» eine

Biopsie zu machen. Sie solle sich keine Sorgen machen, meinte er, es sei bestimmt nichts. Doch als er sie Tage später bei der Arbeit anrief, um ihr das Ergebnis mitzuteilen, war er hörbar schockiert: Die Gewebeprobe enthielt bösartige Zellen. Maricel hatte Krebs. «In dieser Sekunde veränderte sich mein Leben», sagt sie. Seither war nichts mehr wie vorher.

Als Angehörige eines südlichen Landes, das in weiten Teilen medizinisch unterversorgt ist, hatte sie damit gerechnet, in der Schweiz ein hoch entwickeltes und reibungslos funktionierendes Gesundheitssystem anzutreffen. Die Jahre nach der Diagnose aber gerieten für sie zu einer einzigen Odyssee. An deren Ende kam sie zwar mit dem Leben davon, aber sie erlitt schwere Schäden – nicht, weil eine einzelne Person versagt hätte, wie Maricel rückblickend analysiert; sondern, «weil ich einem System zum Opfer fiel, das ich als Patientin zu wenig hinterfragte».

Schon bei der ersten Operation, in der man das Tumorgewebe aus der Brust entfernte, ging etwas schief: Man hatte vergessen, Drainageschläuche in die Wunden zu legen, sodass das Blut hätte ablaufen können. Die Folge war unter anderem eine heftige Entzündung, die sich später zur Nekrose (Gewebeschäden, die durch das Absterben von Zellen entstehen) ausweitete, von der sich Maricel nie mehr ganz erholen sollte. Noch heute, sieben Jahre später, muss sie regelmässig zur Wunddrainage in die Klinik. Auch dass sie ein Problem mit der Blutgerinnung hatte und deshalb ungewöhnlich stark blutete, wurde lange nicht erkannt. Dabei hätte man dies leicht beheben können, wäre nur ihr Blut untersucht worden.

Der schlimmste Moment war systemunabhängig. Er kam zehn Tage nach dem Eingriff, als die Resultate der Pathologie eintrafen. «Man kann dieses Gefühl nicht nachempfinden, wenn man es nicht selbst erlebt hat, ganz ähnlich, wie eine Frau das Gefühl des Gebärens nicht wirklich kennt, wenn sie selber kein Kind zur Welt gebracht hat. Da ist diese absolute Angst – gleichzeitig will man etwas tun, die Krankheit durchstehen, man will ja schliesslich leben.» Es zeigte sich, dass der Tumor zwar keine Ableger gebildet hatte, sein Ausmass aber sehr gross war, sodass ein zweiter Eingriff nötig wurde. Maricels Brust liess sich nicht erhalten. Einen Monat später wurde eine Mastektomie angeordnet: der vollständige Abbau der Brust. Auf eine Chemotherapie oder andere Begleittherapien wurde verzichtet.

Weil Maricel sehr jung war, rieten ihr die Ärzte zum gleichzeitigen Wiederaufbau. Ein sogenannter Expander und anschliessend ein Silikonimplantat sollten dafür sorgen, dass ihre Versehrtheit wieder ausgeglichen wurde. Ein Expander ist ein Platzhalter für das spätere Implantat, der unter den Brustmuskel geschoben und sukzessive über mehrere Wochen mit Kochsalzlösung gefüllt wird, damit sich das darüberliegende Gewebe an die Dehnung gewöhnt. Ist die gewünschte Grösse erreicht, wird der Expander durch die endgültige Silikonprothese ersetzt: eine gummiähnliche Hülle, die mit zähflüssigem Silikongel gefüllt ist. Die Brustwarze wird transplantiert und/oder tätowiert.

«Den Ärzten waren die ästhetischen Aspekte des Eingriffs sehr wichtig», erzählt Maricel. «Brustoperierte Frauen sollen wohl ‹visuell akzeptabel› bleiben. Aber sie liessen mir keine Zeit, darüber nachzudenken, ob ich wirklich eine neue Brust wollte und wie ich mich an einen solchen Fremdkörper gewöhnen würde. Und vor allem waren sie zu wenig daran interessiert, wie es mir körperlich überhaupt ging.» Tatsächlich machte Maricel die Nekrose zu schaffen, sie litt höllische Schmerzen, nicht nur in der Brust, sondern auch unter der Achselhöhle und im Rücken. «Es war ein Albtraum», resümiert sie. Weil sie um ihren Job und deshalb auch um ihre Aufenthaltsbewilligung fürchtete, schleppte sie sich nach sieben Monaten, in denen sie krankgeschrieben war, zurück zur Arbeit.

Die Dehnung des Expanders, die von manchen Frauen in der gleichen Situation fast spielerisch erlebt wird, war für sie eine Tortur. Und was normalerweise etwa drei Monate dauert, nämlich das Erreichen der gewünschten Grösse, zog sich bei Maricel ein ganzes Jahr hin. Immer wieder fragte sie sich: Will ich das wirklich? Ist dies der Preis für ein «Leben wie zuvor»? Zu irgendeiner selbstbestimmten Entscheidung war sie nicht imstande, denn sie fühlte sich gefangen in einem System, das seine Eigendynamik hatte. Zu allem, was die Ärzte vorschlugen, sagte sie Ja. «Der Zug, den ich anfänglich bestiegen hatte, fuhr in hoher

Geschwindigkeit, ich hatte keine Möglichkeit, ihn zu stoppen, geschweige denn auszusteigen.» Maricel hoffte einfach, dass die Fahrt irgendwann zu Ende sein würde.

Die wiederaufgebaute Brust versprach, ein solcher Meilenstein zu werden. Nach einem Jahr ersetzten die Ärzte den Kochsalz-Expander durch das Silikonkissen; die rechte, gesunde Brust musste chirurgisch angehoben werden, um sie an das Niveau des neuen Busens anzugleichen. «Es sah zwar so aus wie eine Brust, war aber für mich völlig unnatürlich.» Mit der Zeit wurde die neue Brust hart und schmerzhaft. Es zeigte sich, dass Maricel eine der eher seltenen Abstossungsreaktionen hatte, die es bei Implantaten geben kann. Dabei bildet sich eine feste Kapsel um die Brust, der Körper «weigert» sich, das Implantat anzunehmen, und stösst es ab. Der zweite Versuch mit einem kleineren Silikonkissen misslang ebenfalls. Nach ein paar Wochen hatte ihr Organismus auch dieses Implantat rigide umkapselt.

Es war zu diesem Zeitpunkt, als Maricel beschloss, die Notbremse zu ziehen und den Zug eigenhändig anzuhalten. «Ich hatte genug», rekapituliert sie, «es war einfach zu viel. Ich war komplett erschöpft, mein Selbstvertrauen war am Boden, dabei sehnte ich mich nach nichts mehr als nach einem normalen Leben. Und nach meiner Arbeit, denn ohne diese kann ich nicht sein.» Inzwischen hatte sie nicht nur die «Amazones» in Frankreich kennengelernt, sondern auch Frauen von «Europa Donna», einer Organisation, die sich für optimale Früherkennung, Behandlung und Nachsorge bei Brustkrebs einsetzt. Für Maricel, die sich seither bei Europa Donna engagiert, ist ein Aspekt sehr wichtig: «dass Patientinnen ihre Rechte einfordern; und dass sie über sämtliche Nebeneffekte medizinischer Prozeduren ehrlich informiert werden». Denn dies sei bei ihr systematisch vernachlässigt worden.

Allerdings hat sie den Eindruck, dass sich etwas veränderte, nachdem sie sich im Spital durchgesetzt hatte und das Silikonimplantat entfernen liess. Sie fühlt sich heute respektvoller behandelt, zudem seien die Ärzte, was etwa den Informationsfluss untereinander betrifft, inzwischen besser organisiert. Das «System» scheint seine Mängel allmählich wettzumachen.

Welche Bilanz zieht Maricel nach ihrer siebenjährigen Odyssee? Sie schweigt einen Moment, um an ihrem Grüntee zu nippen, dann erhellt ein Lächeln ihr schönes Gesicht: «Meine Söhne sind heute erwachsen und trotz allem auf gutem Weg», sagt sie stolz. Beide folgen den Fussstapfen der Mutter: Der eine macht am CHUV eine Ausbildung zum Krankenpfleger, der andere studiert an der Universität Lausanne Medizin. «Wir sind gut vorangekommen», resümiert Maricel. Sie selbst verfolgt mit Elan ihre Forschungsarbeiten, daneben organisiert sie für Europa Donna Konferenzen und Workshops. An ihrer linken Brust trägt sie eine äusserliche Prothese. Sie geht regelmässig zur Physiotherapie gegen ihre chronisch gewordenen Schmerzen und ins Spital zur Wunddrainage.

In ihren dunklen Momenten fragt sie sich: War dies der Preis für das bessere Leben, das ich gewählt habe?

FOTO: PRIVAT

Gerd Nagel

Der innere Arzt

Gerd Nagel war im Zenit seiner Karriere als Krebsspezialist, als er selbst an Leukämie erkrankte. Sein Umfeld erfuhr praktisch nichts. Doch die Krankheit und der Rollenwechsel vom Arzt zum Patienten lenkte seine Tätigkeit in andere Bahnen. Heute, mit 73 Jahren, macht sich der Unermüdliche für Patientenkompetenz stark.

Liest man den Lebenslauf von Gerd Nagel anhand der beruflichen Stationen, verfällt man fast automatisch in eine innere Achtungsstellung: renommierter Krebsspezialist in Deutschland und der Schweiz seit Anfang der 1970er-Jahre, damals, als die Onkologie so richtig in Fahrt kam; Begründer der Abteilung für Onkologie am Universitätsspital Basel; Ruf nach Göttingen bereits mit 39 Jahren; langjähriger Leiter der Deutschen Krebsgesellschaft; langjähriger Leiter der Klinik für Tumorbiologie in Freiburg; Vorsitzender des wissenschaftlichen Beirats des deutschen Krebsforschungszentrums usw. Was für ein Pionier! Welch eine Karriere! «Bahnbrechend» und «brillant» sind die Attribute, mit der man seine Verdienste in einer Festschrift würdigen würde.

Heute, mit 73 Jahren, ist Gerd Nagel ein Mann, der schon durch seine blosse Erscheinung imponiert. Er ist gross gewachsen, schlank und durchtrainiert von unzähligen Klettertouren, im Gespräch eloquent und präzise, als stünde er am Rednerpult eines Vorlesungssaals. Eine natürliche Autorität geht von ihm aus. Doch als man ehrfurchtsvoll nach seiner medizinischen Karriere fragt, streift Gerd Nagel diese so oberflächlich, als handle es sich um nebensächliches Beiwerk. Stattdessen stellt er im Gespräch die Welt des Patienten in den Vordergrund. Er sagt Sätze wie: «Die Medizin hat sich zu lange nur auf Krankheiten fokussiert – jetzt muss sie den Menschen entdecken.» Oder: «Für die Heilung braucht es nicht nur den äusseren Arzt, sondern auch den inneren.» Gerd Nagel ist ein überzeugter Verfechter der Patientenkompetenz. Damit ist an erster Stelle die Fähigkeit des Patienten gemeint, sich den Herausforderungen der Erkrankung zu stellen und sich auf die Ressourcen der Krankheitsbewältigung zu besinnen. Auch in dieser Rolle sieht sich Nagel als Pionier.

Hinter dieser Gesinnung steht ein Schlüsselerlebnis: Gerd Nagel hatte selbst Krebs. Im Jahr 1983, er war im Zenit seiner Karriere und als Chef einer Uniklinik voller Tatendrang, erkrankte er an Leukämie. Nur sein engstes privates Umfeld wusste davon. «Ich habe diese Erkrankung immer als etwas sehr Persönliches betrachtet», erzählt er, «zudem fand ich es damals nicht gerade rufförderned, dass ich als Krebsspezialist selber an Krebs erkrankt war.» Doch der Rollenwechsel vom Arzt zum Patienten lenkte seine Einstellung zu Krebs und sein berufliches Engagement in andere Bahnen. Er kehrte der Universität Göttingen den Rücken und gründete in Freiburg eine Modellklinik, um zu zeigen, «dass innerhalb des Hochschulsettings sowohl die schulmedizinische Forschung als auch die komplementäre Patientenwelt ihren Platz haben können». Nach seiner Pensionierung rief Gerd Nagel in Zürich die Stiftung Patientenkompetenz ins Leben. Gleichzeitig erzählte er in einem Buch[1] erstmals seine eigene Krankengeschichte.

Damals, als er die Blutpunkte an seinen Füssen und Unterschenkeln entdeckte, ahnte er das Unheil schon. Als er dann unter dem Mikroskop einen Blutausstrich untersuchte, war ihm die Diagnose klar: «akute myeloische Leukämie», eine Form von Blutkrebs. Im ersten Moment sass der Schreck tief. Diese Krankheit kam damals fast einem Todesurteil gleich. Doch ganz der Mediziner, der er war, fasste er sich schnell und nahm die nächsten Schritte pragmatisch in Angriff. Drei Dinge standen im Vordergrund: Nur ganz wenige Menschen sollten von seinem Krebs wissen. Zweitens wollte er wieder gesund werden. Drittens galt es für ihn zu klären, «was für mich das Richtige ist». Gerd Nagel war überzeugt, dass er es «schaffen» würde. Weit komplizierter jedoch war die Frage, was für ihn das Richtige sei. Zum Beispiel, welche Therapie er wählen und wo er sich behandeln lassen sollte. Dazu schreibt er in seinem Buch:

«Zunächst wusste ich nur, was ich nicht will. Ich war in eine Lebenssituation hineingeraten, die extrem kritisch war. Ich war 47 Jahre alt. Die täglichen Begegnungen mit Krebspatienten fielen mir immer schwerer. Irgendwie war ich erschöpft. Und jetzt noch das. Es lag nahe, einfach aufzugeben. Aber das Gegenteil traf ein. Die Leukämie war kein Grund zu resignieren, sondern ein Stoppsignal, eine rote Ampel: Anhalten und dann neu starten. Aber wie? Und warum ich, warum jetzt, warum überhaupt? Alles Fragen, die sich jeder Krebspatient stellt.»

[1] Annette Bopp, Delia Nagel, Gerd Nagel: «Was kann ich selbst für mich tun? Patientenkompetenz in der modernen Medizin». Rüffer & Rub, Zürich 2005.

Als routinierter Bergsteiger wusste Gerd Nagel, dass man nicht untrainiert ins Gebirge gehen darf. Genauso war er sich im Klaren darüber, dass er in seinem erschöpften Zustand für eine Therapie nicht fit genug war. Er fuhr weg, an einen einsamen Ort in der Nähe von Göttingen, um an sich zu arbeiten. In diesen Tagen erkannte er, wie es wirklich um ihn stand: Er hatte sich selbst verloren. Das geplante «Training» begann mit einer tiefen Identitätskrise.

«Ich fragte mich: Wer bin ich? Und fand keine Antwort. Ich versuchte mich zu spüren, aber ich spürte nichts. Ich suchte meinen früheren Glauben – vergeblich. Da ging ich wirklich zu Boden, erschüttert, erschreckt, ein Häuflein Erdenelend und kniete weinend vor einem Trümmerhaufen. Was ich hatte, war nichts mehr wert. Was etwas wert war, hatte ich nicht mehr. Ich hatte mich verloren. Alles lag unter den Trümmern – mein Herz, meine Liebe, mein Glaube, meine Hoffnung ...»

In den einsamen Wäldern seines selbst gewählten Refugiums fing Gerd Nagel ganz von vorne an, und zwar mit einer bewussten Schulung seiner Sinne. Wie ein Kleinkind nahm er Dinge in den Mund, um wieder schmecken zu lernen, er versuchte, Bäume an ihrem Geruch zu unterscheiden, er hörte auf das leise Rasseln der Samenkapseln oder eines Farns im Wind, er ging mit blossen Füssen über den Waldboden und watete durch den Bach. Er wollte sich wieder spüren lernen, um bereit zu sein für den Überlebenskampf.

Zurück an seinem Arbeitsplatz in der Klinik, vermied er nach Möglichkeit, dass andere von seiner Erkrankung erfuhren. «Ich war in einer exponierten Stellung, immer dabei, Unkonventionelles zu wagen», erzählt er. «Als Krebskranker wäre ich abgeschrieben gewesen.» Um sein Geheimnis zu wahren, nahm Gerd Nagel fast unvorstellbare Strapazen auf sich. Vor allem aber überredete er seinen Onkologen zu einem aussergewöhnlichen Behandlungsschema: Während dreier Monate flog er jedes Wochenende nach London zur Chemotherapie, werktags war er wieder am Arbeitsplatz. «You're crazy», beschied ihm der Onkologe, der ihm die hoch dosierten Infusionen setzte. Natürlich blieben die Komplikationen nicht aus. «Es gab Todesängste und

Panikanfälle, Depression und Resignation», erzählt er. Trotzdem verlief alles im Sinne des Patienten, und schon nach zwei Zyklen stand fest: Die Therapie schlug an. Nach drei Monaten waren alle Krebszellen weg.

Seither sind 26 Jahre vergangen. Die Krankheit ist bei Gerd Nagel nicht wieder ausgebrochen. Ist er ganz geheilt? Oder schlummern in seinem Körper doch noch irgendwelche Krebszellen, die sich früher oder später vermehren werden? «Das interessiert mich nicht», sagt er. «Abgesehen davon: Die Wahrscheinlichkeit, dass ich an etwas anderem erkranke, bevor ich einen Rückfall erleide, ist mit 73 Jahren viel höher.»

Gerd Nagel interessiert eine ganz andere Frage, nämlich diejenige, mit der jeder Onkologe von seinen Patienten konfrontiert wird: «Doktor, was kann ich selbst für mich tun?» Es ist der Rollenwechsel vom Arzt zum Patienten, der ihn für diese Sichtweise sensibilisierte, ein Rollenwechsel, der auf ihn einen ungeheuer «erzieherischen» Effekt hatte.

Viele Ärzte ärgern sich, wenn sich Patienten in ihre eigene Krankheitsgeschichte einmischen. Sie werden ungern mit einem Denkmodell konfrontiert, bei dem sie nicht mehr die einzigen sind, die «es richten» können. Und sie mögen es nicht, wenn man sie auf ein Terrain führt, nämlich auf das der Selbstkompetenz und des Selbstempowerments, auf dem sie nichts gelernt haben. Gerd Nagel erklärt: «Als Arzt betrachte ich die Krankheit als etwas Objektives, das ich diagnostiziere und behandle, dabei bleibe ich nüchtern. Als Betroffener erlebe ich sie subjektiv, als Teil eines persönlichen Schicksals. Diesen Rollenwechsel kann man fast nicht nachvollziehen, wenn man ihn nicht selber erlebt hat. Man kann sich als Arzt nicht in die Rolle eines Patienten versetzen.»

Der Hauptgrund liegt darin, dass Arzt und Patient ein fast gegensätzliches Denken pflegen. Für den Wissenschaftler ist Krebs eine genetische Veränderung, die den Steuerungsprozess einer Zelle verändert, sodass diese eine andere Wachstumseigenschaft annimmt. Die Ursache kann alles Mögliche sein – Spontanmutation, Bestrahlung, Viren, physikalische Einflüsse usw. Der Patient hingegen fragt: Warum habe ich Krebs bekommen, was habe ich falsch gemacht? Er sucht die Ursache nicht in naturwissenschaftlichen Erklärungen, sondern im eigenen Lebensstil: Stress, falsche Ernährung, Umwelteinflüsse, Konflikte, permanente psychische Unterdrückung usw. Gerd Nagel: «Medizinisch ist der Krebspatient zu Beginn ein gesunder Mensch, bei dem eine Krankheit ausgebrochen ist. Der Betroffene hingegen sieht die Krebserkrankung als Folge einer Abwehrstörung.»

Gerd Nagel geht es nicht darum, die Schulmedizin zu verunglimpfen, im Gegenteil: Als Hochschulmediziner ist er der festen Überzeugung, dass sie die Basis einer erfolgreichen Krebstherapie bildet. Gleichzeitig aber glaubt er, dass die komplementäre Wirklichkeit des Patienten noch immer zu wenig berücksichtigt wird. Das betrifft vor allem das Potenzial zur Selbstheilung – Nagel spricht auch von «Patientenkräften», der «inneren Heilung» oder dem «inneren Arzt». «Die Hälfte aller Onkologen behaupten noch heute, die Selbstheilung spiele in der Therapie keine Rolle», sagt Nagel. Die Betroffenen selbst jedoch seien zu 100 Prozent davon überzeugt, zur eigenen Heilung beitragen zu können. Auch Gerd Nagel zählt sich dazu. «Ich bin ein Prototyp für die Wirkung von Patientenkompetenz», sagt er. «Ich hätte meinen Krebs nicht überlebt, wenn ich nicht gewusst hätte, wie mit den Nebenwirkungen umgehen.» Das Auflehnen gegen die Resignation, gegen Erschöpfung und Panikattacken, aber auch gegen körperliche Symptome wie Infektionen oder die Folgen der Immunsuppression – all dies zog Gerd Nagel während der Chemotherapie als eine Art Überlebensprogramm durch.

Dabei zehrte er von Ressourcen, die er sich nicht nur auf seinen Klettertouren im Hochgebirge, sondern schon in seiner Kindheit antrainiert hatte: Gerd Nagel musste früh im Leben lernen, unter misslichen Bedingungen zu überleben. Seine Kindheit war hart und entbehrungsreich, sodass es für den Buben nur einen Weg gab: nach oben.

Gerd Nagel wurde 1936 in Deutschland geboren. Sein Vater, ein Zürcher, war Professor für Anatomie und hatte damals einen Lehrstuhl an der Universität Halle. Seine Mutter war deutsche Staatsbürgerin. Gerd war das vierte von insgesamt sieben Geschwistern. Nach Kriegsende kehrte die Familie 1945 in die

Schweiz zurück, nach Interlaken. Zwei Jahre später starb der Vater. Gerd war elf Jahre alt.

«Der Tod meines Vaters war für meine Mutter und uns Kinder eine Katastrophe», erzählt Gerd Nagel. «Wir zogen von Interlaken nach Zürich und wurden zum Sozialfall. Damals war die Fürsorge eine aus heutiger Sicht unvorstellbar menschenverachtende Behörde. Dass meine Mutter Deutsche war, machte die Situation nur noch schlimmer. Sie musste sich Beleidigungen anhören, in den Läden wurde sie nicht bedient.» Für die alleinerziehende Mutter und ihre Kinder gab es nur eine Konsequenz: raus aus der Fürsorge, raus aus der Abhängigkeit. Die vier ältesten Kinder trugen Zeitungen aus, putzten Räder und erledigten Botengänge, um zum Haushaltseinkommen beizutragen. Als Gerd Nagel die Prüfung ans Gymnasium bestand, schien eine erste Hürde geschafft, doch in der Schule wurde er von den reichen Kindern gehänselt. Er besass kein Fahrrad, und er kam nicht vom Züriberg oder von der Goldküste, sondern aus Schwamendingen. «Aus Schwamendingen ist noch keiner aufs Gymnasium gekommen», spotteten sie, «das schaffst du nie.»

Gerd Nagel war nicht immun gegen diese Angriffe. Er hatte seinen Vater wahnsinnig geliebt, und er hätte ihn beim Aufwachsen nötig gehabt. Aber er lernte: Es gibt immer einen Weg, und wenn man eine Spur entdeckt, dann soll man es wenigstens versuchen. Nach ein paar Jahren, er war inzwischen tatsächlich von der Schule geflogen, zog er zu einem Onkel in Deutschland. Dieser gab dem jungen Mann den nötigen Halt, half ihm beim schwierigen Schritt ins Erwachsenenleben. Gerd Nagel leistete einen Schwur: «Nie mehr im Leben will ich in eine Abhängigkeit geraten», sagte er sich. «Du musst an die Spitze – dann hast du niemanden über dir.» Diesem Vorsatz blieb er denn auch sein Leben lang treu.

Im Rückblick allerdings hat der gradlinige Aufstieg in der Wissenschaft für Gerd Nagel etwas Zweischneidiges. «Ich kann meine Karriere als Versuch verstehen, frühkindliche Verletzungen zu kompensieren», sagt er. Was dabei auf der Strecke geblieben sei, sei die Persönlichkeitsentwicklung: Die habe bei ihm relativ spät eingesetzt. «Meine Krankheit hat mir dabei geholfen», sagt er. «Sie war der beste Lehrmeister für mein späteres Leben und meine heutige Tätigkeit.»

Das ist ein starkes Statement: Krebs als Chance! Was aber, wenn man als Betroffener oder Betroffene nicht über ähnliche Ressourcen verfügt wie Gerd Nagel? Wirkt der Begriff «Selbstempowerment» nicht fast zynisch, wenn man gar keine Kraft hat? Zum Beispiel bei der Diagnose Brustkrebs: Sie ist für die Betroffenen ein ungeheurer Schock. In vielen Fällen erkranken Frauen in einer Lebensphase, die mit Übergängen ohnehin schon belastet ist, sei es, dass die Kinder flügge werden und das Haus verlassen, sei es, dass sich mit dem Einsetzen der Menopause ihr weibliches Selbstbild verändert. Kommt in dieser Situation eine Brustkrebsoperation hinzu, kann dieses Selbstbild vollends durcheinandergeraten. Die auf die Operation folgende Chemotherapie fordert die Betroffenen bis aufs Letzte – wie wenn sie sich auf hoher See mit hohem Wellengang befänden, ständig unter Wasser, und sie nur zum Luftschnappen kurz auftauchen dürften. Welche Frau, wer überhaupt hat am Ende dieser Tortur noch Reserven übrig, um «an sich selbst zu arbeiten»? Wer will da von Patientenkompetenz überhaupt etwas hören? Will man nicht einfach seine Ruhe haben, um zur Besinnung zu kommen? «Doch, das ist verständlich», sagt Gerd Nagel. «Aber man muss ja nicht alles selber machen.» Man könne sich am Anfang durchaus helfen lassen, die Orientierung zu finden.

Diese Orientierung bietet der ehemalige Hochschulmediziner heute in seiner Praxis für Patientenkompetenz in Männedorf an. Die Suche nach dem «inneren Arzt», wie Nagel es nennt, ist nicht standardisiert, sondern richtet sich nach den individuellen Ressourcen der Patientin, des Patienten. Trotzdem hat Gerd Nagel sein Schema. Zu Beginn fragt er meistens: «Wer sind Sie selber?» Patientenkompetenz fängt mit der Klärung der eigenen Identität an. Über die äusseren «Schichten» oder «Feigenblätter», die seine Gegenüber häufig nennen – den Beruf, den sozialen Status –, stösst Nagel zum Wesen seiner Patienten vor. Von hier aus erarbeitet er mit ihnen einen möglichen Weg. «Nach anderthalb Stunden Beratung haben sie auf die Frage, was sie selbst für sich tun können, eine Antwort», sagt Nagel. Inhalt dieses «ressourcenorientierten Coachings» können ganz praktische Themen wie zum Beispiel Ernährung und Stoffwechsel, Fitness und Resistenztraining sein. Aber auch soziale Aspekte – Partnerschaft und Familie, Freunde, das berufliche Umfeld – werden angesprochen, ebenso der Umgang mit Ängsten und Widerständen oder dann religiöse Fragen.

Einen wichtigen Anteil hat die Komplementärmedizin. Für die schulmedizinische Forderung nach der «Evidenzbasiertheit» dieser Medizin oder für eine Methodendiskussion hat Gerd Nagel nichts übrig, weil dies aus seiner Sicht am Kern der Komplementärmedizin vorbeigeht. «Diese Heilkunst gehört in die Hände des Patienten, denn sie unterstützt ihn in seiner komplementären Wirklichkeit», sagt er. Konkret: Ein Mistelpräparat beseitigt zwar keinen Tumor; aber es kann das Allgemeinbefinden verbessern, zu einem erholsameren Schlaf verhelfen, depressive Stimmungen aufhellen oder den Appetit steigern. Dadurch gelangen die berühmten Selbstheilungskräfte überhaupt erst zur Entfaltung. Ob dieser Prozess mit Hilfe von Naturprodukten, mit Akupunktur oder Neurofeedback oder mit welcher «Methode» auch immer in Gang komme, diese Frage sei letztlich irrelevant.

Gerd Nagel hat im Alter noch ein grosses Ziel: Er will eine grosse Studie durchführen und beweisen, dass Selbstempowerment bei Krebspatienten eine «prognostische Relevanz» hat, dass also kompetente Patienten, die aktiv auf ihre Heilung fokussiert sind, länger überleben als solche, die sich einzig der Schulmedizin anvertrauen. Nagel will sich dabei auf Brustkrebs konzentrieren, und zwar mit Hilfe sämtlicher Krebszentren der Deutschschweiz. «Diese Studie zu realisieren ist sehr aufwendig und teuer», sagt er, «es braucht mindestens 15 000 Teilnehmerinnen.» Diverse Vorbereitungsgespräche sind bereits geführt, lanciert aber ist die Studie noch nicht. Doch Gerd Nagel wäre nicht Gerd Nagel, wenn er am Ende nicht reüssieren würde: Wo andere an Grenzen stossen, fängt sein Interesse erst richtig an zu erwachen.

Patientenkompetenz ist aber nicht automatisch gleichbedeutend mit «Machertum». Es kann durchaus ein Weg sein, die

Dinge einfach geschehen zu lassen und sein Schicksal in andere Hände zu legen; um sich bei der Vorbereitung auf den Tod möglichst nicht ablenken zu lassen. Dass dies geschehen kann, erlebte Gerd Nagel am Beispiel seiner eigenen Mutter: «Sie erkrankte mit knapp 80 Jahren an Lymphdrüsenkrebs», erzählt er, «und natürlich wollte ich sie therapieren. Sie aber weigerte sich. Stattdessen versammelte sie uns Kinder rund um ihr Krankenbett und sagte: ‹Ich habe euch gezeigt, wie man lebt – jetzt zeige ich euch, wie man stirbt.›» So war es dann auch.

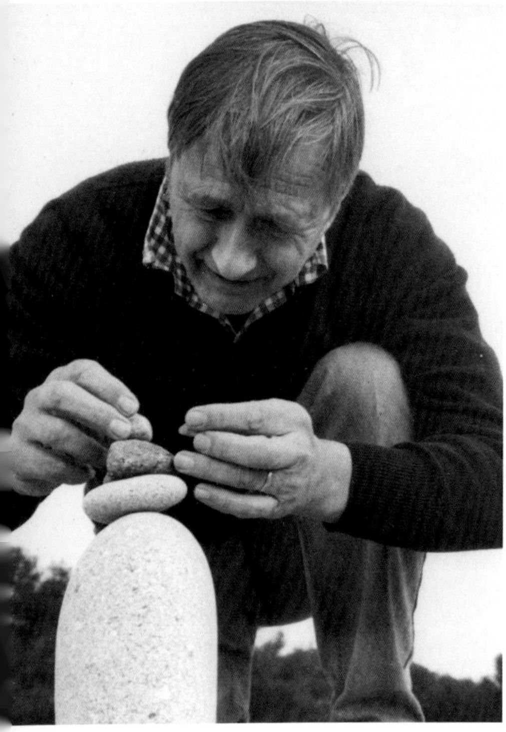

FOTO: PRIVAT

Die Botschafterin

Durch ihre Aufgabe bei der Swissair wurde Beatrice Tschanz Ende der 1990er-Jahre zur Schweizer PR-Ikone. Heute ist sie unter anderem als Botschafterin der Krebsliga Schweiz bekannt. Dass die Zürcherin ihren ersten Ehemann Pierre Tschanz an Krebs verlor, weiss man in der Öffentlichkeit – nicht aber, dass sie vor 25 Jahren selbst Krebs hatte.

Mit Beatrice Tschanz bringen die Leute hierzulande ganz bestimmte Ereignisse oder Bilder in Verbindung. Wer ihren Namen hört, denkt sogleich an «Swissair» und «Halifax». Was man in der Öffentlichkeit bis heute nicht gewusst hat: Mit 40 war Beatrice Tschanz krebskrank, sie hatte Gebärmutterhalskrebs. Nicht nur dem breiten Lesepublikum – Tschanz war damals stellvertretende Chefredaktorin beim «SonntagsBlick» – verschwieg sie ihre Erkrankung, auch ihr berufliches Umfeld wusste nicht Bescheid. Einzig ein paar Vertraute weihte sie ein. «In dieser Zeit war es für mich ausgeschlossen, meine Krankheit preiszugeben», sagt sie 25 Jahre später.

Heute engagiert sich Beatrice Tschanz für andere betroffene Krebspatienten. Seit 2003 ist die 65-Jährige als Botschafterin der Krebsliga Schweiz aktiv und in dieser Funktion im öffentlichen Bewusstsein präsent. Als der Starfotograf Michel Comte im Jahr 2002 die erste Brustkrebskampagne fotografierte, war Beatrice Tschanz eine der Frauen, die sich mit nackter Brust ins Bild rücken liessen. «Die Fotos waren wunderschön, wenngleich ich mit dem Shooting etwas Mühe hatte, weil es so intim war», sagt sie. Immerhin sei es ihr und ihren Mitstreiterinnen dadurch gelungen, für die folgenden Jahre viele prominente Frauen für die Kampagne zu gewinnen. Das sei wichtig, denn bei 5000 Neuerkrankungen jährlich komme praktisch jede Frau irgendwann im Leben mit Brustkrebs in Berührung. Tschanz selbst begleitet die Kampagne bis heute als Botschafterin.

Berühmt wurde Beatrice Tschanz Ende der 1990er-Jahre als Kommunikationsverantwortliche der Swissair. Dabei scheint ein Ereignis fast schicksalhaft mit ihrem Leben verknüpft: Am 3. September 1998 stürzte an der kanadischen Atlantikküste bei Halifax eine Swissair-Maschine ab, 229 Menschen kamen ums Leben. Als der damalige Swissair-Chef Philippe Bruggisser seine Pressesprecherin bat, an seiner Stelle vor die Kameras zu treten, schlug ihre Stunde: Beatrice Tschanz gelang es, die schwierige Botschaft derart menschlich und gefühlvoll zu vermitteln – so viel Herz und emotionales Engagement legte sie in ihre Worte an die Öffentlichkeit –, dass niemand einen Vorwurf gegen die Swissair richtete. Das Image der Fluggesellschaft blieb (vorläufig) unangetastet. Stattdessen wurde Beatrice Tschanz von allen Seiten mit Lob überhäuft. Als «Herz der Swissair» feierte sie der «Blick», später mutierte sie zur «Super-Bea», zur Schweizer PR-Ikone schlechthin.

Das «Grounding» der Swissair am 2. Oktober 2001 indes konnte auch Beatrice Tschanz mit ihrer Kommunikationsgabe nicht verhindern. Sie wechselte zum Traditionsunternehmen Sulzer Medica, das seinerseits in Schwierigkeiten steckte. Ein Jahr später starb ihr Ehemann Pierre Tschanz an Krebs. Die gesamte Schweiz nahm via Medien Anteil an diesem traurigen Ereignis. «Ich fühle mich leer und hilflos, will gar nicht kommunizieren, am liebsten gar nichts sagen», wurde die berühmte PR-Frau nach dem Tod von Pierre Tschanz in der «Schweizer Illustrierten» zitiert. Im Jahr darauf heiratete sie den emeritierten ETH-Professor Herbert Kramel. Seither hat sich Beatrice Tschanz stark aus dem öffentlichen Rummel zurückgezogen und wählt heute ihre Engagements sehr sorgfältig aus. «Mein Fehler war, dass ich früher in manchen Situationen fast zu offensiv kommunizierte, ich hätte ein paar Mal öfter Nein sagen sollen», meint sie selbstkritisch.

Warum aber hat sie bis heute geheim gehalten, dass sie vor 25 Jahren an Gebärmutterhalskrebs litt? Warum spricht sie erst heute darüber? «Ich hatte damals die Tendenz, alles herunterzuspielen, was mich selber betraf», lautet ihre Erklärung. Ein zweiter Grund hatte mit dem Zeitgeist zu tun: Krebs war in den 1980er-Jahren noch mit einem Tabu behaftet, insbesondere, wenn ein Geschlechtsorgan betroffen war. Krebskranke Menschen wurden bestenfalls bemitleidet, oft aber abgeschrieben, auch beruflich. Dieses Risiko wollte Beatrice Tschanz, die ihren Beruf über alles liebte und ausserdem sehr ehrgeizig und erfolgreich war, nicht eingehen. «Zähne zusammenbeissen und hoffen, dass es vorbeigeht», lautete ihr Motto.

Als die Diagnose feststand, druckste der Arzt, der ein guter Freund der Familie war, am Telefon erst einmal herum: Es gebe bei ihr «ein Problem im Unterleib, eine Verwachsung», sagte er, nachdem er ihr nach einer Routineuntersuchung einen handgeschriebenen Zettel von einem Rezeptblock geschickt hatte mit der Nachricht, sie müsse sofort in die Praxis kommen. Und ihr Mann solle sie begleiten. «Ich sagte zu Pierre, das sei wohl nicht nötig, ich würde mal hingehen und mir anhören, was denn los sei.» Ein Karzinom in der Gebärmutter, lautete der ärztliche Bescheid. Sie sei bereits im Spital angemeldet – übermorgen müsse sie dort eintreten.

Beatrice Tschanz war in dieser Zeit Journalistin und als stellvertretende Chefredaktorin beim «SonntagsBlick» tätig. Während ihr Vorgesetzter sehr häufig im Ausland auf Reisen war, hielt sie an der Dufourstrasse die Stellung und schmiss den Laden, «mit Leidenschaft und Engagement», wie sie betont. Auch als ihr «Unterleibsproblem» sich manifestierte, war Chefredaktor Peter Balsiger unterwegs, «ich glaube in Mali, mit einem Hilfskonvoi», erinnert sie sich. Dass sie ausgerechnet in dieser Situation ins Spital sollte, passte ihr überhaupt nicht ins Konzept – sie hatte schliesslich eine Zeitung zu machen. Erst nachdem sie darüber geschlafen hatte und der Arzt endlich das Wort «Krebs» ausgesprochen und ihr deutlich gemacht hatte, man müsse die Gebärmutter sofort entfernen, wurde ihr der Ernst der Situation bewusst. Ihre nonchalante Stimmung kippte in Panik um. Sie erzählt: «Ich fuhr dann zu meiner Mutter an den Zürichberg. Ich sagte ihr, ich wolle alles regeln, denn ich war ja nicht allein, sondern hatte einen Ehemann und drei halbwüchsige Stiefkinder. Dazu hatte ich Angst vor der Operation, ja Angst vor dem Tod. Schliesslich riss ich mich am Riemen. Das Gute dabei war, dass ich keine Zeit hatte, des Langen und Breiten alles abzuwägen. Meine Mutter sagte zu mir: ‹Wenn dich etwas beschäftigt, dann sag's mir.› Sie war eine sehr willensstarke, aber zurückhaltende Frau. Es war nicht ihre Art, zu grübeln und zu bohren, so wie man in dieser Zeit ohnehin nicht alles bis ins Hinterste und Letzte zerredete.»

Willensstark und pragmatisch wie ihre Mutter nahm sich Beatrice Tschanz vor, diese «Episode» so rasch und unauffällig wie nur immer möglich hinter sich zu bringen. Der Redaktion teilte sie mit, sie müsse ins Spital wegen einer «Unterleibsgeschichte». Nach der Operation und anschliessenden Chemotherapie war sie zwar denkbar schwach auf den Beinen, eine

Pause gönnte sie sich trotzdem nicht. Schon am zweiten Tag nach der Operation verlangte sie in der Klinik nach der Weinkarte, unwissend, dass Alkohol während der Chemotherapie erst einmal gestrichen war. Als der Arzt die wöchentlichen Infusionen auf den Samstag festlegen wollte, protestierte sie. Samstags gehe nicht, weil dann der Abschluss der Zeitung sei – montags wäre günstiger. Die Herstellung der Perücke hatte schnellstmöglich zu geschehen, schliesslich sollte am Arbeitsplatz niemand merken, was mit ihr los war. Nur der Chefredaktor wusste davon. «Und du sagst keinen Ton zu irgendjemandem», beschied sie ihm klipp und klar.

Ihrer Gebärmutter trauerte Beatrice Tschanz nicht nach. Sie hatte schon mit 25 gewusst, dass sie keine eigenen Kinder bekommen konnte. Künstliche Befruchtung sei für sie nie ein Thema gewesen, erst recht nicht, nachdem sie einen Mann mit drei Kindern geheiratet habe. «Wenn Sie früh über etwas Bescheid wissen, dann arrangieren Sie sich und akzeptieren die Fakten», sagt Beatrice Tschanz. «Das ist vielleicht ein Teil meiner Urkraft, die ich immer hatte, ein Teil meines Naturells: dass ich nicht hinterfrage, nicht zweifle. Ein Erbe meiner Mutter.»

Als der Chefredaktor ihr zum Abschluss der Therapie als «Aufsteller» eine Reise nach New York ermöglichte, wo sie Museen, Konzerte und Theater besuchte, da wusste Beatrice Tschanz: Das Leben hatte sie wieder. Sie fühlte sich fast wie zuvor, und auch die Haare sprossen wieder. Den Krebs legte sie ad acta, 15 Jahre lang. Bis ihr erster Mann an Bauchspeicheldrüsenkrebs erkrankte. Unheilbar. Erst da wurde ihr bewusst, dass sich durch das eigene Krebserlebnis etwas in ihr nachhaltig verändert hatte. Sie war eben doch nicht «Super-Bea», die alles unter Kontrolle hatte und die bei Sturmwind das Steuerrad stets herumreissen konnte. Sie erkannte, dass es in manchen Situationen unausweichlich war, sehenden Auges in den Sturm zu rasen.

«Als Pierre krank wurde, war uns beiden klar, dass die Krankheit mit dem Tod enden würde», erzählt sie. «Mit diesem Wissen hatte ich viel mehr Mühe als er, denn ich war ja die Überlebende.» Der todkranke Pierre Tschanz hatte in der kurzen ihm verbleibenden Zeit nur einen Wunsch: möglichst oft wegfahren, mit seiner Frau noch möglichst viel erleben – «kleine Fluchten» nannte er diese Reisen in die Bündner Berge oder in eine europäische Stadt. Dank der palliativen Chemotherapie, der er sich unterzog, hatte er bis zum Schluss eine vergleichsweise gute Lebensqualität.

Beatrice Tschanz sah ihre Aufgabe darin, ihren Mann in dieser Zeit nach Möglichkeit zu unterstützen und auf seine Bedürfnisse einzugehen. Wenn er, der gegen Spitäler eine tiefe Abneigung empfand, bei einem seiner vielen Klinikaufenthalte sagte: «Rends-moi à la maison», dann setzte sie alles daran, dass er nach Hause konnte. Weil er seine Privatsphäre sehr schätzte und fremde Hilfe nur ungern in Anspruch nahm, übernahm Beatrice Tschanz auch einen grossen Teil der Pflege. Bei der damaligen Sulzer Medica liess man sie für USA-Besuche mit der Concorde fliegen, damit sie schneller wieder zu Hause war. Später, als es Pierre Tschanz immer schlechter ging, flog sie gar nicht mehr.

«Als es zu Ende war, hatte ich das Gefühl, als läge alles bereits hinter mir, die ganze Trauer, der Abschied, das Loslassen», erzählt sie. «Was blieb, waren die guten Gefühle und Erinnerungen an die 25 Jahre, die wir zusammen verbracht hatten. Und die Kraft, die mir Pierre gegeben hatte, als er mir das Versprechen abnahm, auch nach seinem Tod ein Leben zu haben.»

Dieser Zug gehört ebenso zu Beatrice Tschanz' Naturell: die Fähigkeit loszulassen. Sie ist keine, die sich an Vergangenes klammert oder sich deswegen die Zukunft verbietet. Das war beim Verlust ihres ersten Ehemanns so und bei «Halifax» nicht anders. Während manche Menschen den Flugzeugabsturz noch Jahre danach nicht verarbeitet hatten, verkündete Beatrice Tschanz ihrem PR-Team bei der Swissair nach etwa sieben Monaten: «So, Kinder, lasst uns die Trauerbücher schliessen, wir müssen nach vorne schauen.» Vielleicht gehöre dieser Optimismus zu ihrem Schicksal, meint sie heute, auch in Bezug auf den Krebs: Man bekomme nur so viel aufgebürdet, wie man tragen könne. Deshalb beklage sie sich nicht.

Ihre Erfahrungen als Betroffene wie auch als Ehefrau eines krebskranken Mannes haben Beatrice Tschanz stark geprägt.

Dass die Krebsliga Schweiz ihr Angebot auf Angehörige ausgeweitet hat, findet sie sehr positiv. Als Botschafterin der Krebsliga weiss sie genau, was sie anderen Angehörigen mit auf den Weg geben möchte: «Betroffenen sollen wir nicht mit Mitleid, sondern mit Respekt, Verständnis und Zurückhaltung begegnen», sagt sie. «Seine Bedürfnisse bringt ein krebskranker Mensch selber an. Er braucht nicht unbedingt viele Worte, aber umso mehr Empathie. Wir Angehörigen sollen vor allem zuhören, hinhören, mit allen Instinkten, die wir zur Verfügung haben. Diese Krankheit ist ein Weg. Er kann auf eine Frühlingswiese führen, aber auch auf die Wiese der Unendlichkeit. In beiden Fällen gilt es, den Weg gut zu gestalten. Das ist sehr nachhaltig für die, die zurückbleiben.»

FOTO: PRIVAT

Leandro in Paris

Das Leiden in der Welt ist ungerecht verteilt. Dies zeigt die Geschichte von Leandro Durney aus Neuenburg, der in seinem jungen Leben von gerade 28 Jahren schon zum dritten Mal an Krebs erkrankt ist. Leandros Chancen auf Heilung sind minim, sein Zustand kritisch. Doch das hält ihn nicht davon ab, sich in Paris einen Traum zu erfüllen.

Das kuschlige Théâtre Pépinière an der Rue Louis Le Grand in Paris, das einen Steinwurf von der berühmten Opéra entfernt liegt, ist an diesem frühen Montagabend Mitte November bis auf den letzten Platz besetzt. Auf der Bühne stehen Schauspielschüler der Master Class von Jean-Laurent Cochet, um dem interessierten Publikum – das für dieses Vergnügen 15 Euro Eintritt bezahlt hat – Kostproben ihres schon recht reifen Könnens zu präsentieren. Rechts auf der Bühne sitzt der Maître in persona: Jean-Laurent Cochet, seit über 40 Jahren als Lehrer am Theater tätig. In Paris wird Cochet als «Pygmalion der Stars» gefeiert, denn durch seine Schule gingen Schauspieler wie Gérard Depardieu, Emmanuelle Béart, Richard Berry, Daniel Auteuil und andere berühmte Namen. An diesem Abend folgt er, verkehrt herum auf dem Stuhl sitzend, die Arme auf dem weit ausladenden Bauch verschränkt, den Darbietungen seiner Schüler, um selbige wortreich und mit vielen Anekdoten gespickt zu kommentieren, derweil die Zuschauer, offenbar ein Stammpublikum, gebannt an seinen Lippen hängen.

Hinten im Saal, inmitten einer Gruppe jüngerer Schauspielschüler, sitzt der 28-jährige Leandro Durney aus Neuenburg und hört aufmerksam zu. Jeder Hinweis, jede Erläuterung des Meisters ist für ihn von Bedeutung. Leandro hat seine Ausbildung bei der «Compagnie Cochet» vor wenigen Wochen begonnen, und im Dezember werden er und andere Schüler erstmals die Gelegenheit haben, Monsieur Cochet höchstpersönlich einen Text vorzutragen. Für Leandros innere Befindlichkeit hängt sehr viel von der Beurteilung des Meisters ab, er will es unter allen Umständen gut machen, nein, er will mit seiner Darbietung nicht weniger als ein «très bien» erreichen. Deshalb nutzt er jede freie Minute, in der er einigermassen bei Kräften ist, zum Üben.

Leandro Durney leidet seit Januar 2008 an Leukämie. Nach zwei Rückfällen und zwei fehlgeschlagenen Knochenmarktransplantationen sind die Chancen auf Heilung praktisch auf null gesunken. Sein Körper verfügt über kein blutbildendes Knochenmark mehr. Die Ärzte vermuten, dass bei ihm die Leukämie eine Folgeerscheinung seiner vorangegangenen Erkrankungen ist, denn Leandro hatte in seinem jungen Leben bereits zwei Mal

Krebs: Mit 15 erkrankte er an einem Hodgkin-Lymphom, mit 24 an einer Art Knochenkrebs, dem Ewing-Sarkom. «Ich weiss, diese Aufzählung hört sich nach einer einzigen Katastrophe an», sagt Leandro und lächelt, «aber ich bin eigentlich immer recht gut damit umgegangen.»

Für unser Treffen habe ich mit Leandro vereinbart, dass ich ihn in seiner Pariser Wohnung aufsuchen würde; am Nachmittag vor der abendlichen Theaterprobe bei Jean-Laurent Cochet. Die Rue Gabrielle im 18. Arrondissement entpuppt sich als hübsche, kopfsteingepflasterte Strasse im malerischen Montmartre-Quartier, direkt unterhalb der Basilika Sacré-Cœur. Leandros Wohnung liegt auf der dritten Etage, zu der man über eine enge Holztreppe gelangt. Auf mein Klingeln öffnet sich sofort die Tür, im Rahmen steht Leandro: ein sehr bleicher, sehr dünner junger Mensch, mehr Jüngling als Mann. Er hat eine freundliche, aber zurückhaltende Art, die einem Unbeteiligten nichts preisgibt von der inneren Unbeirrbarkeit, mit der er sich trotz seiner tödlichen Erkrankung in ein Auslandsabenteuer gestürzt hat. Die Wohnung ist spärlich möbliert und riecht nach frischer Farbe. Ins Auge fällt eine auf einem Wandregal sorgfältig zusammengestellte CD-Sammlung von bekannten Opern. Er habe diese Wohnung durch grosses Glück und dank Beziehungen bekommen, sagt Leandro, während er mich bittet, auf dem Sofa Platz zu nehmen. Am Anfang seines Paris-Abenteuers habe er bei zwei Freundinnen Unterschlupf gefunden, deren Wohnungen unbeheizt gewesen seien, weshalb er jetzt einen lästigen Husten mit sich herumschleppe. Und auch hier habe der Vermieter das Gas zum Heizen anfänglich nicht aufgedreht, doch nun funktioniere alles bestens.

Leandro erzählt von seinem Alltag: Sein Schauspielunterricht dauert jeden Tag von 11 bis 14 Uhr. Die übrige Zeit verbringt er mehrheitlich mit Regenerieren, für ein «normales» Leben mit Kino und Partys und neuen Freunden reicht seine Energie nicht. Zu wenig Hämoglobin, zu wenig Sauerstoff im Blut. Den steilen Hügel des Montmartre kann er nicht zu Fuss hinaufsteigen. Er fährt jeweils mit der Standseilbahn zur Sacré-Cœur hoch, um dann die paar Strassen hinunter zu seiner Wohnung zu spazieren. Bereits Routine geworden sind auch die regelmässigen Métrofahrten ins Spital St-Louis im 10. Arrondissement, eine auf Leukämie spezialisierte Klinik, in der Leandro für die Zeit seines Paris-Aufenthaltes betreut wird. «Ich bin sehr froh, hier zu sein», sagt er. Wobei er schon manchmal seine vielen Freunde aus Neuenburg vermisse und natürlich auch seine Familie: die Mutter, den älteren Bruder und die jüngere Schwester. Leandros Vater nahm die Abreise seines kranken Sohnes nach Paris zum Anlass, seinerseits die Schweiz zu verlassen, um in seine Heimat Südamerika zurückzukehren.

Im November 2008 musste Leandro erfahren, dass die Leukämie trotz der transplantierten Stammzellen aus dem Knochenmark seines Bruders zurückgekehrt war. «Dies war der allerschlimmste Moment meiner Krankheit», sagt Leandro, «ich war nahe daran aufzugeben, ich wollte die paar Monate, die mir noch bleiben würden, einfach nur noch geniessen. Doch nach einer Woche Bedenkzeit beschloss ich, noch einmal einen Anlauf zu nehmen und mich erneut einer Chemotherapie und einer anschliessenden Knochenmarktransplantation zu unterziehen.» Wie sich zwei Monate später zeigen sollte, war auch dieser zweite Versuch nicht erfolgreich: Die Stammzellen seines Bruders, obwohl genetisch mit seinem eigenen Erbgut hochgradig kompatibel, vermochten sich in seinem Knochenmark nicht anzusiedeln und folglich auch keine funktionstüchtigen Blutzellen zu bilden. Heute beschränkt sich Leandros Behandlung darauf, seinen Zustand mit regelmässigen Bluttransfusionen und einer leichten Chemotherapie einigermassen stabil zu halten.

Was Leandro Durney in den 13 Jahren seit seiner ersten Krebserkrankung alles durchgemacht hat, kann eine aussenstehende Person nicht nachvollziehen. Er selbst hat seine Erfahrungen aufgeschrieben und über einen Blog der Öffentlichkeit zugänglich gemacht. Die Chronologie seines Leidens auch nur zu lesen, ist fast unerträglich: Mit 15 die erste Diagnose, Hodgkin-Lymphom: unzählige Knochenmarkpunktionen, über Monate hoch dosierte Chemotherapie, Nebenwirkungen wie Schwindel, Verlust des Geschmackssinns und Müdigkeit, ein Rückfall, wieder Chemotherapie, autologe Knochenmarktransplantation in der Spezialklinik von Franco Cavalli in Bellinzona ... Nach acht Monaten war es vorbei, «Leandro 1:0 Cancer» notierte er in seinen Blog. Sieben Jahre später ging die Tortur mit dem Ewing-Sarkom von vorne los: erneute Chemotherapie-Zyklen, dazwischen Strahlentherapie, zum Abschluss wiederum Chemotherapie; «2:0» hielt Leandro seinen Sieg über den Krebs fest. Doch er hatte sich zu früh gefreut. Im Januar 2008 – der inzwischen 26-Jährige befand sich mitten in den Vorbereitungen des Schauspiels «Die blauen Schafe» an der Lausanner Oper – erreichte ihn ein Anruf seines Hausarztes. Dieser hatte am Morgen im Rahmen eines Routinechecks Leandros Blut untersucht und dabei festgestellt, dass die Anzahl seiner Blutplättchen ungewöhnlich tief war. Eine Woche später dann die definitive Diagnose: Er hatte Leukämie. Zwischen dem Sarkom und der neuen Krebserkrankung war Leandro gerade mal drei Jahre symptomfrei gewesen.

Warum wird ein Mensch in relativ kurzer Zeit mit drei so schwerwiegenden Krankheiten geschlagen, während andere nichts haben? Wie kann einer so viel ertragen?

Welche Gefühle diese Fragen auch immer bei Leandro auslösen – er zeigt sie nicht. Und während man selbst fassungslos über die ungerechte Verteilung von Leid nachdenkt, bleibt der darauf Angesprochene gelassen: Er sei nicht wütend. Er habe die Diagnosen und anschliessenden Behandlungen trotz allem recht gut ertragen. Er sei eigentlich immer optimistisch gewesen, dass er geheilt werde, bis vor einigen Monaten jedenfalls. Und vor allem habe seine Existenz ja nicht einzig aus Krankheit bestanden, sondern in erster Linie aus prallem Leben.

Leandros Liebe zur Schauspielerei kommt nämlich nicht von ungefähr: Seit er ein Teenager ist, steht er in der Westschweiz hobbymässig auf der Bühne, insbesondere bei Opernaufführungen. Seit zwölf Jahren nimmt er Gesangsunterricht. «Meine Stimme ist gut, aber nicht gut genug für eine professionelle Karriere – im Gegensatz zu meiner begabten Schwester, die auf dem besten Weg dazu ist», erzählt er. Leandro selbst hat nach der Matur Mathematik und Physik studiert und in diesen Fächern seinen Bachelor gemacht. Das weiterführende Masterstudium gab er auf, als er feststellte, dass es für ihn zu schwierig wurde.

Stattdessen nahm er eine Ausbildung zum Sekundarlehrer in Angriff – die er aber ebenfalls abbrechen musste, weil der Krebs ihn dazu zwang.

Die Idee, in Paris eine Schauspielausbildung zu absolvieren, begann er nach dem ersten Leukämie-Rückfall zu verfolgen. «Ich wusste plötzlich wie aus Eingebung, dass ich diesen Wunsch um jeden Preis realisieren wollte», erzählt er. Er startete seinen Blog im Internet, orientierte auf diesem Weg ein grosses Netzwerk über sein Vorhaben und platzierte Spendenaufrufe. Und siehe da: Seine Freunde schickten ihm so viel Geld, dass es für ein ganzes Jahr in Paris problemlos reichen würde. Gleichzeitig knüpfte sein Schweizer Arzt Kontakt mit der Pariser Klinik St-Louis, um die medizinische Betreuung sicherzustellen. Am 20. Oktober 2009 bloggt Leandro: «J'y suis! Et l'aventure peut commencer!!!»

Er wisse nicht, wie viel Zeit ihm noch bleibe, sagt Leandro. Vielleicht nur wenige Monate, vielleicht auch ein paar Jahre. Er sagt das sehr nüchtern, scheinbar emotionslos. Als spreche er nicht von sich selbst, sondern von einer anderen Person. Denkt er oft an den Tod? «Ja, ich denke jeden Tag an den Tod. Ich habe keine Angst davor.» An ein Jenseits glaube er zwar nicht. Aber wenn es trotzdem eines gebe – umso besser.

In den Wochen nach meinem Besuch ist Leandro voll und ganz damit beschäftigt, die Präsentation seines Textes für den grossen Maître Cochet vorzubereiten. Doch es ist wie verhext: Mal zwingt ihn sein Husten, der sich zu einer Bronchitis ausgeweitet hat, das Bett zu hüten. Mal klappt die Sache nicht, weil Monsieur Cochet in letzter Minute das übliche Vorsprechschema ändert und damit andere statt ihn zum Zuge kommen lässt. Doch am Mittwoch, den 16. Dezember 2009, ist es endlich so weit. Leandro notiert in seinem Blog: «Et oui, j'ai enfin réussi à présenter mon texte à M. Cochet, mais ce fut juste, car je suis passé en tout

FOTO: PRIVAT

dernier. Mais bon, l'important c'est que j'aie pu le faire. Et ce qui est encore plus capital, c'est que M. Cochet a beaucoup apprécié ma prestation. Il l'a trouvée émouvante et sans vouloir entrer dans les détails de ses commentaires, je dirai juste qu'il a fini par la phrase: ‹On atteint des cimes.›»

Er sei deshalb sehr zufrieden – das Warten habe sich gelohnt.

Der Engel an ihrer Seite

Die «Schweizer Jahrhundertsportlerin» Vreni Schneider war erst 16, als ihre Mutter an Krebs starb. Die ehemalige Skirennfahrerin, mittlerweile selbst Mami von zwei Buben, litt enorm unter dem Verlust. Noch heute vermisst sie ihre Mutter schmerzlich. Gleichzeitig ist sie überzeugt, dass der Tod nicht das Ende einer Beziehung bedeutet.

Als Vreni Schneider am 19. April 1995 ihren Rücktritt vom aktiven Skisport bekannt gab, ging eine der grössten Karrieren zu Ende, welche die Schweiz jemals gesehen hatte. Sie verabschiedete sich mit einem Höhepunkt – ihrem dritten Sieg im Gesamtweltcup – und bei guter Gesundheit, um einen neuen Lebensabschnitt zu beginnen, wie sie ihren Fans und den Journalisten in einer emotional gefärbten Medienkonferenz mitteilte. Mehr als 14 Jahre danach ist Vreni Schneider, von Swiss Olympic zur «Schweizer Jahrhundertsportlerin» gewählt, noch immer eine Ausnahmeerscheinung. Sie ist inzwischen verheiratet und ein «Mami» wie andere Frauen auch, sie teilt mit ihnen alltägliche Sorgen wie den Kindergartenstart ihres Erstgeborenen, Berge von unsortierten Fotos der beiden Buben Florian und Flavio oder den Zustand des Gartens, den sie in den letzten Jahren etwas vernachlässigt habe. Und doch kann man Vreni Schneider auch heute nicht begegnen, ohne an ihre überragenden Leistungen als Skirennfahrerin erinnert zu werden. Ihre starke Präsenz, die einem farblosen Raum sofort etwas Glanz verleiht; das strahlende Lächeln, der offene und freundliche Blick, mit dem sie ihr Gegenüber misst – es ist derselbe Gesichtsausdruck, mit dem sie früher x-mal vom Siegespodest in die Kamera blickte, so als wollte sie der restlichen Welt mitteilen: «Seht her mein Glück, nehmt euch ein Stück davon, ich kann es selbst kaum fassen!»

Dabei hätte Vreni Schneiders Leben durchaus anders verlaufen können. Sie war 16, die Jüngste von vier Geschwistern, als ihre Mutter an Krebs starb. Die Mutter zu verlieren ist in jedem Leben ein einschneidender Moment; für die junge Vreni, die an der Schwelle zum Erwachsenenleben stand und die Mutter in dieser Phase besonders gebraucht hätte, war der Verlust fast unerträglich. «In diesem Alter hat ein Kind nicht die psychische Kraft, um mit einer solchen Belastung fertigzuwerden», sinniert Vreni Schneider heute. Sie selbst hatte zum Glück den Skirennsport und ihre «Skifamilie», welche die Lücke mit der Zeit füllten. Doch über den Krebstod ihrer Mutter konnte sie während Jahren nicht reden, ohne dass es ihr dabei die Kehle zuschnürte. Noch heute, als gestandene Frau Mitte 40, vermisst Vreni Schneider ihre Mutter schmerzlich.

«Sie war eine starke Frau, deren Leben hauptsächlich aus Kindererziehung und viel Arbeit bestand», erzählt die Ex-Skirennfahrerin, «dazu war sie sehr liebevoll, eine, die mit beiden Füssen auf dem Boden stand.» Dass die jüngste Tochter im Skisport gefördert wurde, war zwar eher dem Vater zu verdanken, aber die Mutter hatte nichts dagegen. Denn schon früh war klar, dass Vreni Schneider besser Ski fahren konnte als alle anderen, dass da ein Talent heranwuchs. In der Schule war sie mittelmässig, ging es jedoch um den Sport, war Vreni zuvorderst. «Wenn man etwas zu Ende machen musste und dann nach Hause konnte, war ich die Schnellste – und ging sogleich Ski fahren», erzählt sie.

Als Vreni etwa zwölf Jahre alt war, erkrankte die Mutter. Sie sollte im Spital eine Zyste operieren lassen, dabei stellten die Ärzte fest, dass sie Krebs hatte, «Unterleibskrebs», wie es hiess. Bis heute weiss Vreni Schneider nicht, welches Organ genau betroffen war, ebenso wenig wie ihre Schwester oder ihr Vater. 1980 war man in der Medizin noch so schamhaft, die Sexualorgane nicht zu benennen, wenn diese erkrankt waren. Vreni Schneider erinnert sich, wie sie die Mutter oftmals zur Chemotherapie nach Glarus begleitete. Vrenis Mutter, von der Familie «Illy» (Sibylle) genannt, war optimistisch, wieder gesund zu werden. «Das kommt schon wieder», pflegte sie zu sagen, wenn Mutter und Tochter von der Chemo nach Hause kamen in das bescheidene Schuhmacherhaus in Elm. Zu Illy Schneiders starkem, bodenständigem Wesen gehörte, dass sie sich ergeben in ihr Schicksal fügte, den Krebs erduldete. «So gingen frühere Generationen oft mit Krankheit um», sagt Vreni Schneider, «insbesondere auf dem Land und in den Bergen: Man dankte dem lieben Gott, wenn es wieder besser wurde – ansonsten ertrug man das Leiden klaglos.»

Wie schlimm es tatsächlich um die Mutter stand, wurde der jungen Vreni eines Tages schlagartig bewusst: «Ich stürmte ins Zimmer und wollte meiner Mutter von dem Skirennen erzählen, das ich an diesem Tag gewonnen hatte, von der schönen Atmosphäre im Zielhang, sie jedoch winkte müde ab: ‹Vreni, jetzt nicht, schau, im Moment bin ich einfach zu schwach. Aber wenn du ernsthaft Ski fahren willst, dann tu das.› Diese Szene ist mir so präsent, als wäre sie gestern erst passiert.» Unvergessen auch der Tag, an dem die Mutter starb: Vreni und einer ihrer Brüder waren erneut an einem Skirennen, beide hatten gewonnen, beide sollten an der Rangverkündigung ihre Medaillen in Empfang nehmen. Vreni jedoch war es überhaupt nicht danach, sie hatte das dumpfe Gefühl, dass etwas nicht stimmte. Schliesslich packte sie ihre Skier, ohne die Siegerehrung abzuwarten, und fuhr nach Hause. Dort der Anruf vom Vater aus dem Spital, ihr Gefühl hatte sie nicht betrogen: Mutter Illy war gerade gestorben.

Dass Vreni Schneiders Karriere darauf ihren Lauf nahm, war alles andere als selbstverständlich. Erst einmal wurde sie zu Hause gebraucht – nicht umsonst hatte ihr die Mutter noch gezeigt, wie man dieses und jenes im Haushalt machte. Mit dem Skirennsport harzte es, die Kaderselektion kam nicht recht vom Fleck. Dabei hatte sie schon als Mädchen davon geträumt, «dass mich das Fernsehen einmal in einem Rennen überträgt und nach meiner Zieldurchfahrt eine Eins aufleuchtet, es hätte nicht einmal ein Sieg sein müssen – einfach nur die Eins, für den Moment», sagte Vreni Schneider später einmal in einem Interview.

Doch mit 18 hätte sie ihre Träume beinahe begraben, weil ihr zur Selektion ins B-Kader des Weltcups acht Hundertstelsekunden fehlten. Als der Schweizerische Ski-Verband sie am 1. Dezember 1983 endlich doch zum Start ihres ersten Weltcuprennens zuliess, stürzte die junge Athletin vor den Augen des Cheftrainers Jean-Pierre Fournier, der sie darauf in den Europacup zurückschickte. Der Exploit gelang Vreni Schneider ein Jahr später: Am 18. Dezember 1984 errang die inzwischen 20-Jährige mit Startnummer 28 in ihrem erst dritten Weltcup-Riesenslalom den ersten Weltcupsieg. Es war der Anfang einer grossen Karriere – der Rest ist Geschichte und wurde in der Schweiz mit wachsendem Verzücken mitverfolgt. In ihrer elf Jahre dauernden Aktivzeit feierte Vreni Schneider unter anderem je drei Olympiasiege, Weltmeistertitel und Weltcup-Gesamtsiege, zudem gewann sie 55 Weltcuprennen.

Vreni Schneiders Erfolgsrezept, das Geheimnis ihrer Leistungsfähigkeit, wurde von Sportexperten oft und gerne kommentiert. Neben einem gewissen Talent, das für jeden Sport die Voraussetzung sei, brauche es sehr viel Willen, Ehrgeiz und vor allem Freude, meinte sie damals selbst. «Du musst wollen», beschied sie den Medien, «vor allem im Alter von 15, 16 Jahren, wenn die anderen in die Disco gehen, du aber trainierst, die anderen einen Freund haben ...»

Zu ihren zahllosen Fans zählte auch der ehemalige Bundesrat und Sportminister Adolf Ogi, der anlässlich ihres Rücktritts sagte: «Was sie am Schluss geleistet hat, ist gewaltig. Man kann das nicht in Worte fassen. Man kann auch nicht in Worte fassen, was sie in den letzten Jahren für den Skisport geleistet hat.» Ogi verwies bei seiner Lobesrede unter anderem auf die ausserordentliche Konzentrationsfähigkeit der Skirennfahrerin. Tatsächlich gelang es Vreni Schneider wie kaum einer Athletin, sich auf eine Aufgabe zu fokussieren, den Sieg sozusagen mental vorwegzunehmen. In einem Interview mit dem «Tages-Anzeiger» beschrieb sie das so: «Ich habe mir immer genau vorgestellt, wie es weitergehen könnte. Das war eine meiner Stärken: Ich konnte mir beim Skifahren ‹uu-sinnig› gut ausmalen, wie ich fahre. Später nannte man das mentales Training. Ich habe das nie gelernt, sondern machte das automatisch. Ich besichtigte am Vorabend eines Rennens vom Ziel aus den Hang – und schon sah ich mich darauf gut fahren. Oder ich sah mich im Geist bereits mit einer Kristallkugel auf dem Siegespodest stehen.»

Vreni Schneider verschwieg auch nie die enge Beziehung zu ihrer Familie. Der Vater, die beiden Brüder und ihre Schwester – dieser Zirkel bildete das Fundament ihrer Karriere. Denn «die zu Hause» wussten immer, was in der Fremde in ihr vorging. Sie fanden immer die richtigen Worte, weil sie «s Vreni» kannten, weil sie wussten, dass auch sie eine Frau mit Schwankungen war. Dem «Tages-Anzeiger» vertraute sie nach ihrem Rücktritt an: «Mir ist es nicht immer gut gegangen. Ich hatte nicht immer nur Erfolg. Ich hatte auch meine Tiefs – sei das nun sportlich oder privat. Einmal, das weiss ich noch, im Sommertraining in Argentinien: Da hatte ich unheimlich Mühe, so weit weg zu sein. Ich fragte mich: Muss das denn sein, getrennt von allen? Aber dann wurde mir bewusst, warum ich das alles auf mich nahm, die Trennung, den Schmerz. Ich hatte ja immer ein Ziel vor Augen: Ich wollte Rennen fahren. Ich wollte sie gut fahren. Ich wollte sie gewinnen.»

Heute ist die Ex-Skirennfahrerin davon überzeugt, dass ihr in dieser intensiven Zeit auch die Mutter als wachender Engel beigestanden hat, vielleicht sogar stärker als die übrige Familie. Illy Schneider hatte sich zwar von ihrem irdischen Dasein verabschieden müssen, aber ihr kleines Vreni, das spürte die jüngste Tochter instinktiv, liess sie trotzdem nicht im Stich. Vreni Schneider sagt: «Für mich war immer klar: Da ist jemand, der mir Kraft und Selbstvertrauen gibt. Auch wenn sie nicht da ist – sie ist an einem anderen Ort und schaut zu mir.»

Es war in der Zeit nach ihrem Abschied, als Vreni Schneider ihre Mutter wieder stärker zu vermissen begann. Sie wurde sesshaft, baute sich in Elm ein schönes Haus, um das viele sie beneiden, gründete ihre eigene Ski-, Snowboard- und Rennschule. Schliesslich brach die Ex-Skirennfahrerin auch mit dem Grundsatz, Privates stets unter Verschluss zu halten, und gab der Öffentlichkeit via «Schweizer Illustrierte» den Namen von ihrem Schatz preis: Marcel Fässler, Akkordmaurer von Beruf, fünf Jahre jünger als die Championne, ein gut geerdeter Mann fern jeglicher Starallüren wie sie selbst.

Das Paar heiratete 1999. Und dann wartete die Schweiz auf den ersten Spross der Slalomkönigin. Jahrelang.

Auch dieser Teil von Vreni Schneiders Leben ist Geschichte: Die Schwangerschaft wollte und wollte sich nicht einstellen, es gab diesbezüglich Probleme, die Vreni und ihr Mann zwar nicht explizit in die Öffentlichkeit trugen, die daselbst aber sehr wohl registriert wurden. Für die Ex-Championne war das nicht einfach: Sie wünschte sich so sehr ein Kind. Mit allen Fasern, mit denen sie früher einem Platz auf dem Siegespodest entgegengestrebt war, sehnte sie nun eine Schwangerschaft herbei. Es war ihr Unterleib, der nicht wollte, der Unterleib, der ihrer eigenen Mutter damals zum Verhängnis geworden war. Wie dankbar wäre sie gewesen, sie hätte sich in dieser Situation ihrer

Mutter anvertrauen können. Das intime Gespräch zwischen Mutter und Tochter, wie Millionen von Frauen rund um den Erdball es führen – Vreni Schneider blieb dies versagt, und es schmerzte sie unendlich.

Das Mutterglück jedoch blieb ihr nicht versagt. Nach sechs Jahren Warten endlich die frohe Botschaft: Die ehemalige Slalomkönigin ist schwanger! 2004 brachte Vreni Schneider als bald 40-Jährige ihren Sohn Florian zur Welt, zwei Jahre später folgte noch ein Bub, Flavio. Für Vreni Schneider war es die Erfüllung schlechthin. «Ich lag da mit meinem Neugeborenen, vollkommen überwältigt von der Tatsache, ein Kind geboren zu haben», sagt sie, «dabei hätte ich alles gegeben, dieses Gefühl mit meiner Mutter teilen zu dürfen.» Manchmal erzählt sie ihren Buben von der verstorbenen Grossmutter, sie hat Engelsfiguren in ihren Zimmern aufgehängt und ihnen erklärt: «Schaut, auch eure Grossmutter Illy ist so ein Engel und wacht über euch.»

Vreni Schneider ist zu bescheiden, um für Krebskranke oder deren Angehörige eine «Botschaft» zu formulieren. Doch aus ihrer eigenen Erfahrung weiss sie: Ein Verlust kann auch Kraft verleihen. Man kann ihn ummünzen in etwas Positives.

FOTO: PRIVAT

... Fabian, Christine, Matthias

Ein Jahr nach der Diagnose starb der Musiker Fabian Kuratli an den Folgen von schwarzem Hautkrebs. Durch seinen Tod verlor die Schweizer Musikszene einen ihrer vielseitigsten und innovativsten Schlagzeuger. Um «Fab» etwas zurückzugeben, organisierten seine engsten Bezugspersonen, unter ihnen seine Frau Christine und sein Bruder Matthias, in der Berner Dampfzentrale ein «Tribute»-Festival. Mehr als 80 Musikerkollegen und -kolleginnen erwiesen dem Verstorbenen die letzte Ehre.

Der 22. Mai 2009, es war Freitag nach Auffahrt, war ein warmer Frühsommertag, an dem viele Leute der Arbeit fernblieben, um die Zeit für Schöneres zu nutzen. Im Kulturzentrum «Dampfzentrale» im Berner Marziliquartier – dort, wo Anfang des 20. Jahrhunderts Kohlekessel die Dampfturbinen zum Stampfen gebracht und später, in den 1980er-Jahren, Jugendliche für einen autonomen Kulturraum gekämpft hatten – fanden sich im Laufe des Nachmittags Hunderte von Besucherinnen und Besuchern ein, unter ihnen viele Kinder. Die Pappeln an der Aare rauschten im lauen Frühlingswind, die Sonne wärmte die ockerfarbene Backsteinmauer der denkmalgeschützten Dampfzentrale, und auf der Treppe davor spielte eine Band die groovige Jazz-Adaption eines Madonna-Songs. Es war der Auftakt des Festivals «A Tribute to Fabian Kuratli». Acht Monate zuvor hatte die Schweizer Musikszene einen ihrer umtriebigsten und innovativsten Schlagzeuger verloren: Fabian Kuratli war im Alter von nur 38 Jahren an Krebs gestorben. An diesem Maitag 2009 waren über 80 Musikerinnen und Musiker gekommen, um ihrem Freund und Mitmusiker die letzte Ehre zu erweisen.

Fabian Kuratli hatte mit allen 18 Bands, die an diesem langen Abend in jeweils halbstündigen Sets auftraten, in der einen oder anderen Form zusammengearbeitet. Das Tribute-Festival war somit nicht nur Reverenz, sondern auch ein Spiegel der Vielseitigkeit des verstorbenen Schlagzeugers. «Ob Big-Band-Jazz, Klezmer-Sound, Singer-Songwriter oder freie Improvisationen: alles hatte Fab im Repertoire», schrieb das Kulturmagazin «Ensuite». Kuratlis langjähriger Freund und musikalischer Weggefährte, der E-Bassist Wolfgang Zwiauer, der das Tribute-Festival federführend organisiert hatte, liess sich mit den Worten zitieren: «Fabian war ein Gesamtkunstwerk, auch als Person.»

Ein halbes Jahr später ruht die Dampfzentrale still im fahlen Sonnenlicht des Novembernachmittags. Fenster und Eingangsbereich des Kulturzentrums sind weihnachtlich dekoriert, neben dem Gebäude steht verlassen ein fest verschlossenes Festzelt. Vor der Eingangstür zum Restaurant warten Christine Siegenthaler, die Frau von Fabian Kuratli, und sein jüngerer Bruder Matthias Kuratli. Das Tribute-Festival war auch ihr Werk

– weil es ihnen geholfen habe, nach Fabians Tod etwas Grosses zu gestalten. Am Tod des Bruders beziehungsweise Ehemanns kauen Matthias und Christine, die beide den Krebskranken sehr eng begleitet haben, noch immer. «Ich vermisse ihn unglaublich», sagt Christine. «Er fehlt mir halt, der grosse Brüetsch», so Matthias. Er wie auch seine Schwägerin konsultieren eine Psychologin, um den Verlust zu verarbeiten. Matthias berichtet, auch seine Eltern würden eine sehr schwierige Zeit durchstehen und diese auf ihre Art meistern. «Meine Mutter versucht dieses Schicksal in ihr Leben einzuflechten. Auf langen Spaziergängen, bei Bildbetrachtungen in Museen, bei Besuchen am Grab sucht sie nach Ruhe und neuer Verankerung in ihrem Leben ohne Fabian. Mein Vater hilft liebevoll, wo immer er auch gebraucht wird. Ein Kind zu verlieren, auch ein erwachsenes, ist für Eltern das Schlimmste.»

Weil das Restaurant der Dampfzentrale noch nicht geöffnet hat, entschliessen wir uns zu einem Spaziergang entlang der Aare. Derweil wir den Uferweg in Richtung Belp gehen, in Gesellschaft von zahlreichen Joggern, Hundebesitzern oder Kinderwagen schiebenden Müttern, erzählen Christine und Matthias von der extremen Erfahrung, die Fabians Krebskrankheit darstellte – für den Betroffenen selbst wie auch für sie als engste Bezugspersonen. Und sie erzählen, was sie beide mit dem Verstorbenen verbunden hatte.

Christine Siegenthaler war 20 Jahre lang mit Fabian Kuratli zusammen gewesen. Sie hatten sich als 18-Jährige in einer Band kennengelernt. Sie sang, er sass am Schlagzeug. Christine beschreibt ihren Lebenspartner als eher introvertierten, humorvollen und feinsinnigen Menschen. «Er hat nie über jemanden schlecht gesprochen», erzählt sie, «selbst wenn sich jemand unanständig verhalten hatte, relativierte er dies, indem er die positiven Seiten dieser Person hervorhob. Als Musiker verfolgte er seine Ziele mit äusserster Präzision, in seiner Vielseitigkeit konnte ihn am Schlagzeug niemand übertreffen. Dafür hat er gnadenlos viel gearbeitet, sein Können fiel ihm nicht nur in den Schoss. Überhaupt war dies einer seiner Charakterzüge: Was er anpackte, machte er gut.»

Während Christine beruflich verschiedene Wege verfolgte und heute als Betreuerin an einer Tagesschule tätig ist, setzte Fabian nach einem Abstecher in ein Theologiestudium, das er nach ein paar Semestern abbrach, voll auf die Musik. Er studierte an der Jazzschule Luzern, an der er später auch als Dozent tätig war. Als Drummer umfasste sein Spektrum so unterschiedliche Stilrichtungen wie die World Music von «Kol Simcha», Kaspar Ewalds «Exorbitantes Kabinett», den gepflegten Big-Band-Jazz des «Swiss Jazz Orchestra», die Singer-Songwriter-Musik von Shirley Grimes oder wild-experimentelle Projekte wie Christy Doran's «New Bag». Ausserdem hatte er mit «Fab 4» seine eigene Band. Fabian Kuratli bereiste für Konzerttourneen die ganze Welt, er führte ein reiches, vielfältiges Leben mit einem weiten Horizont. Gleichzeitig sehnte er sich, als er Mitte 30 war, nach Veränderung. Er dachte über ein Fernstudium in Geschichte oder Soziologie nach und liess sich entsprechende Unterlagen nach Hause schicken. «Von seinem Intellekt her standen ihm viele Möglichkeiten offen», sagt Christine.

Matthias Kuratli, der als Kommunikationsverantwortlicher bei Coop arbeitet, hatte zu seinem zwei Jahre älteren Bruder von klein auf eine sehr enge Beziehung. Begünstigt wurde diese durch den Umstand, dass die Eltern geschieden waren und der grössere Bruder für den kleineren einstand. «Bei Schwierigkeiten in der Schule war neben den Eltern oft auch er für mich da», erzählt Matthias, «und im Lehrerseminar redete auch Fabian mit dem Rektor, wenn ich wieder zu viele Absenzen hatte.» Später, als Matthias ein Geografiestudium absolvierte, konnte er auf Fabian zählen, etwa während der Lizentiatsarbeit. «Ich gab ihm zum Beispiel abends eines meiner Fachbücher, die ich für die Arbeit brauchte, er las das Buch, in der rechten Hand haltend, während er mit seiner Linken locker die Snaredrum bearbeitete, und am anderen Morgen schrieb er in kürzester Zeit einen hochpräzisen Text über die Wurmpopulationen in Landwirtschaftsböden, als hätte er sich nie mit etwas anderem beschäftigt.»

Matthias hatte es nie etwas ausgemacht, dass sein Bruder in vielen Gebieten mehr Talent hatte. Auf dem Schlagzeug etwa, das auch er eine Weile spielte, erreichte er nie ein sehr hohes

Niveau. Das hing auch damit zusammen, dass Fabian in der Musik zielstrebiger war. «Wenn ich während der Schulzeit morgens um 7 Uhr aufstand, war Fabian bereits beim Üben, und abends, wenn ich von der Stadt nach Hause kam, sass er schon wieder im Übungsraum.»

Die beiden Brüder profitierten gegenseitig von ihren unterschiedlichen Talenten. Nach Fabians Tod habe er sich anfänglich kaum vorstellen können, ohne die schützende Hand des Älteren zurechtzukommen, erzählt Matthias. Mittlerweile weiss er, dass er's kann. Doch wenn er einen öffentlichen Auftritt oder eine schwierige Aufgabe zu bewältigen hat, zieht er zwischendurch gerne eines von Fabians Hemden an, oder er steckt sich ein Andenken von ihm in die Hosentasche. «So fühle ich mich der Aufgabe gewachsen.»

Der 20. Juni 2007 war das Datum, an dem sich «alles veränderte», wie Christine erzählt. Fabian litt seit Tagen unter Rückenschmerzen. Als die bewährten Behandlungsmethoden nichts nützten, schickte ihn sein Hausarzt schliesslich mit Verdacht auf eine Diskushernie zu einer MRI-Untersuchung. Um 7 Uhr abends rief Fabian seine Frau an: Die Rückenschmerzen kämen nicht von einer Bandscheibe, sondern von einem Tumor.

Es dauerte fast drei Wochen, bis die Ärzte im Inselspital Bern den Tumor genau diagnostiziert hatten: Fabian Kuratli litt an einem malignen Melanom, dem sogenannten schwarzen Hautkrebs, wobei der Primärtumor, typischerweise ein schwarzer Hautfleck, bei ihm nie gefunden wurde. Wahrscheinlich versteckte sich das Melanom in einem inneren Organ oder im Zentralnervensystem, was sehr selten vorkommt. Schwarzer Hautkrebs neigt dazu, früh Metastasen über Lymph- und Blutbahnen zu streuen, und so war es auch bei Fabian: Im Lauf der Untersuchungen tauchten ständig neue Metastasen auf, eine Hiobsbotschaft löste die andere ab, «mit der Zeit wollten wir die Röntgenbilder gar nicht mehr sehen», erinnert sich Christine. Als Fabian nach dem dreiwöchigen Spitalaufenthalt nach Hause zurückkehrte, konnte der Onkologe nicht sagen, wie seine Chancen standen. Doch so viel stand fest: Fabians Lebenserwartung war begrenzt. Sein Krebs war von der ganz üblen Sorte.

«Es wurde aber alles Menschenmögliche unternommen, um die Krankheit zu stoppen, und wir waren dankbar für die kompetente und einfühlsame Betreuung des ganzen Inselspital-Teams», erzählt Matthias. Immer wieder Bestrahlung der Metastasen, eine neuartige Chemotherapie im Rahmen einer klinischen Studie, von der er und seine Angehörigen sich viel erhofften, komplementärmedizinische Methoden, ein dreiwöchiger Aufenthalt in der anthroposophisch orientierten Lukas Klinik in Arlesheim: Fabian Kuratli liess nichts unversucht. Manches ertrug er mit einer Prise Humor. «Das gab ihm Raum, löste ein wenig die Angespanntheit der schwierigen Situation», sagt Christine. Doch die Therapieversuche vermochten nichts daran zu ändern, dass er körperlich zusehends zerfiel. Von der Tournee nach England, zu der er mit Christine und der Band Kol Simcha im August 2007 noch aufgebrochen war, kam er geschwächt und mit rasenden Schmerzen nach Hause. Im November erlitt er einen epileptischen Anfall, ein traumatisches Erlebnis für ihn wie auch für Christine, die in diesem Moment bei ihm war. Im Spital entdeckte man im Hirn Metastasen; auch diejenigen im restlichen Körper waren grösser geworden. Dies war der Zeitpunkt, als Fabian aus der Studie aus- und auf eine erprobte, hoch dosierte Chemotherapie umstieg.

Wenige Wochen später, es war kurz vor Weihnachten, brach Fabian auf einer kleinen Wanderung auf dem Ferenberg zusammen. Christine und Matthias hatten ihn begleitet. «Wir schafften es mit knapper Not ins Spital Tiefenau, wo man eine schwere Lungenembolie nahe beim Herzen feststellte», erzählt Christine. «Da hatte ich das erste Mal das Gefühl, dass er sterben wollte.» Fabian erholte sich zwar wieder, doch er blieb todkrank. Nach diesem Ereignis begab er sich kaum mehr nach draussen, er kappte fast sämtliche Kontakte zu Kollegen und Bekannten. Auch Spitalaufenthalte wurden zunehmend zu einer grossen Belastung. Nur mit sehr engen Freunden und mit seiner Familie fühlte er sich wohl. Mithilfe der spitalexternen Onkologiepflege war es möglich, die Spitalbesuche auf ein Minimum zu reduzieren. Fabians Ausflüge beschränkten sich auf kurze Spaziergänge vor dem Haus, wobei er einen Rollator benutzte und auf künstlichen Sauerstoff angewiesen war. «Er, der früher die ganze Welt bereist und auf fast allen Kontinenten Konzerte gegeben hatte, musste sich jetzt mit wenigen Quadratmetern zufriedengeben», sagt Matthias. «Das zu beobachten tat weh.»

Auch Christine machte es zu schaffen, wie sich der Bewegungsraum ihres Mannes zunehmend einschränkte. Doch sie sah bei Fabian nicht nur den todkranken Körper, von dem sie jeden Zentimeter kannte, sondern auch den wachen Geist, der sich, je mehr die Krankheit fortschritt, zu weiten begann. «Fabian beschäftigte sich mit hochphilosophischen Texten und las auch die Bibel, die er an den Randspalten mit eng geschriebenen Anmerkungen und Verweisen versah», erzählt sie. Dahinter steckte nicht etwa ein religiöser Eifer, höchstens ein spirituelles Bedürfnis, vor allem aber ein tiefes Interesse für Theologie, ja überhaupt für die Fragen des menschlichen Seins. Nach Antworten suchte er mit genau derselben Zielstrebigkeit und Akribie, mit der er sich früher in die Musik vertieft hatte. Dass der Tod «an seiner Seite stand», wie er manchmal zu Christine sagte, war längst zur Gewissheit geworden.

Die letzten sechs Tage seines Lebens verbrachte Fabian auf der Palliativstation der Stiftung Diakonissenhaus in Bern. Mit Morphium und anderen Schmerzmitteln wurde das Möglichste getan, sein Leiden zu lindern. Fabian, der sich bis dahin vor dem Sterben gefürchtet hatte, fand hier einen inneren Frieden. Am Morgen des 6. August 2008 hörte er auf zu sprechen. Christine vernahm die Worte ihres Mannes dennoch, es war, als ob er in ihrem Kopf spräche. «Er sagte zu mir: ‹Ich will keine Sekunde länger am Leben bleiben. Ich möchte gehen.›» Es dauerte bis abends um 7 Uhr. Dann schlief er ein.

Zu Fabian Kuratlis Abdankungsfeier im Berner Münster kamen über 700 Menschen. «Es war eine überwältigende Feier», erzählt Matthias Kuratli. «All die Freunde und Musikerkolleginnen und -kollegen, die im vorangegangenen Jahr keine Gelegenheit gehabt hatten, Kontakt zu ihm aufzunehmen, waren gekommen, um sich zu verabschieden. So entstand die Idee des Tribute-Festivals. Wir spürten, dass viele das Bedürfnis hatten, ihm etwas zurückzugeben und für ihn zu spielen.» Es dauerte nicht lange, bis sie zu viert zu organisieren begannen: Wolfgang Zwiauer, Matthias Kuratli mit seiner Partnerin Barbara Henauer und Christine Siegenthaler. Die 18 Bands, die sie anfragten, sagten alle zu. Und acht Monate später, am 22. Mai 2009, waren sie alle gekommen, um in der Dampfzentrale aufzutreten – ohne Gage, in Gedenken an Fabian.

Als eindrücklichsten Moment des Abends beschrieb die «Berner Zeitung» das Konzert von «The Drummers», einer Formation, die ausschliesslich aus Schlagzeugern zusammengesetzt ist. «Mitten im Saal haben Pierre Favre, Fredy Studer und Markus Lauterburg ihre Instrumente aufgebaut. Der Platz hinter dem vierten Schlagzeug bleibt leer. Es ist jener von Fabian Kuratli. Dicht drängt sich das Publikum um die Musiker und ist berührt, als die drei Schlagzeuger ihr Spiel bis auf eine zarte Begleitung zurücknehmen und Fredy Studer den Namen seines Musikerkollegen Fabian anruft.» Er lud ihn zu einem Solo ein.

FOTO: FRANCESCA PFEFFER, ZÜRICH

Monika Schärer

Zwangspause

Als bei der Fernsehmoderatorin Monika Schärer, bekannt durch Sendungen wie «Next», «Einstein» oder «einfachluxuriös», im Frühling 2007 Brustkrebs festgestellt wurde, erschrak die Öffentlichkeit. Sie selbst nahm die Krankheit sportlich, fast so, als handle es sich dabei um ein Experiment. Heute hat sie mit dem Krebs zwar abgeschlossen – Spuren hinterlassen hat er trotzdem.

Zum Interviewtermin im Zürcher Westend kommt Monika Schärer zehn Minuten zu spät, weil sie, wie sie lachend erklärt, die Langsamkeit des Tramverkehrs unterschätzt habe. Normalerweise sei sie in der Stadt mit dem Fahrrad unterwegs, auch an kalten Novembertagen wie diesem. Ihre Erscheinung fällt selbst im Trendlokal auf: Sie trägt einen kurzen Rock, hohe Stiefel mit Plateausohlen und ein schwarz-braunes Kapuzenjäckchen aus einem hauchdünnen Material, das irgendwie an flüssiges Kupfer erinnert. Die dunklen Augen blicken neugierig unter der kecken Kurzhaarfrisur, um ihren Mund liegt ein leicht spöttischer, aber nicht unsympathischer Zug, den man auch von ihren TV-Moderationen her kennt. So als wollte sie den Fernsehzuschauern bedeuten, dass man Kultur oder Wissenswertes bisweilen mit einer ironischen Distanz geniessen dürfe.

Ihre achtmonatige «Zwangspause» vom Fernsehen, wie sie es nennt, liegt schon über zwei Jahre zurück. Im April 2007 wurde bei Monika Schärer, damals 38 Jahre alt, Brustkrebs diagnostiziert. Sie wurde operiert und musste sich einer monatelangen Chemotherapie und 33 Bestrahlungen unterziehen. Am 14. Februar 2008 moderierte sie erstmals nach ihrer Absenz wieder das Wissenschaftsmagazin «Einstein» – erfrischend und gut gelaunt, wie man es von ihr gewohnt war. Fast so, als wäre nichts gewesen. «Es brauchte ein bisschen Überwindung, das Fernsehgebäude wieder zu betreten, fast ohne Haare auf dem Kopf», sagte sie der Fernsehzeitschrift «Tele». «Aber dann war es gar nicht so spektakulär, die meisten wussten ja Bescheid.»

Monika Schärer sitzt entspannt am Cafétisch und berichtet von ihrer Reise nach Bali, wohin sie die vergangenen drei Wochen eine Feriengruppe begleitet habe. Eine wunderbare Insel, herrliche Erlebnisse, eine gelungene Begleitung ihrerseits, weil sie genau die richtigen Bücher zum Vorlesen mitgenommen habe, um der Reisegruppe die Abende zu verschönern. Die Krebserkrankung vor zwei Jahren hat Monika Schärer als abgeschlossene Phase in ihre Biografie integriert. Es gehe ihr heute nicht viel anders als vor der Erkrankung, sagt sie, mit dem Unterschied vielleicht, dass sie ein wenig schneller müde werde als früher. Doch das könne auch mit dem Alter zu tun haben,

schliesslich habe sie die 40 bereits überschritten. Dann beginnt Monika Schärer zu erzählen:
«Ich bin ein Mensch, der sehr im Moment lebt. Klar, den Brustkrebs habe ich durchgemacht in meinem Leben, der gehört jetzt zu mir; und eine latente Angst, es könnte wieder etwas ausbrechen, die hast du irgendwie. Gleichzeitig habe ich das Gefühl, die acht Monate, die mich der Krebs aus dem Rennen nahm, seien schon weit weg. Ich habe mich in dieser Zeit zwar in das Geschehen reinbegeben, mich damit auseinandergesetzt und versucht, das Beste rauszunehmen. Bei meinem Umgang mit dem Krebs dominierte die Neugierde. Ich wollte wissen, was passiert da mit mir und was kommt auf mich zu? Aber jetzt ist es vorbei. Und auch wenn ich heute zur Kontrolle ins Brustzentrum gehe, gerate ich vorgängig nicht in Panik. Vielleicht verdränge ich ja etwas, aber so ist nun mal mein Naturell: Ich bin nicht nostalgisch. Was vorbei ist, ist vorbei. Seien es Beziehungen oder Ereignisse, sei es eine Krebserkrankung. Ich könnte deswegen nicht ständig trauern. Dafür bin ich zu jung. Ich habe auch mein Leben nicht umgekrempelt.

Zugegeben, als mir der Arzt damals mitteilte, die Gewebeprobe des Knötchens, das ich beim Abtasten aufgespürt hatte, sei bösartig, da erschrak ich im ersten Moment gewaltig. Muss das sein, warum ich, warum überhaupt? – All diese Fragen stellte auch ich mir. Doch die Welt stand nicht still deswegen. Anders als bei manchen Menschen, die mit einer Krebsdiagnose konfrontiert werden, herrschte in meinem Inneren kein Chaos. Ich war nur wie vor den Kopf gestossen. Kurz nach der Diagnosestellung hatte ich vor, für ein paar Tage wegzufahren zum Schweigen, bei Nonnen in einem ‹Haus der Stille›. Die Erfahrung war als Experiment für die Sendung ‹Einstein› geplant. Zunächst erwog ich, das Ganze abzublasen, aufgewühlt, wie ich war. Meinem Redaktionsleiter sagte ich dann, ich würde wohl hinfahren, die Übung aber sofort abbrechen, wenn es mir schlecht gehe. Er hatte dafür volles Verständnis.

Schliesslich zog ich es durch, vier Tage lang mit mir allein zu sein, gar nichts zu reden. Ich unternahm lange Spaziergänge und verbrachte die meiste Zeit in meinem Hüttchen. Einzig über

Mittag und abends setzte ich mich zum Essen zu den Nonnen und den anderen Leuten, die ebenfalls im Kloster wohnten, doch selbst da wurde geschwiegen. Mir fiel das ziemlich schwer. Aber ich muss gestehen, das Erlebnis tat mir sehr gut. Ich kam runter von meinem grossen Schrecken, eine gewisse Ruhe stellte sich in mir ein. Schliesslich sagte ich mir, packen wir das!

Ich begab mich dann auch recht unverkrampft zur Operation. Locker-flockig teilte ich meinem Arzt mit, ich käme direkt aus Berlin und wolle in der folgenden Woche nach London in die Ferien fahren – ob er mich an dem von mir vorgesehenen Tag drannehmen könne. Ich hatte nicht vor, dem Eingriff eine überragende Bedeutung beizumessen – ein Termin wie viele andere. Im Spital erläuterte mir eine Assistenzärztin den genauen Verlauf der Operation, dabei machte sie auch deutlich, die Form der Brust könne sich eventuell verändern; ich musste schriftlich bezeugen, dass ich diesen Sachverhalt zur Kenntnis genommen hatte. Das fuhr mir ziemlich ein. Ich begann darauf, mit dem Handy meine Brust zu fotografieren, es entstanden Bilder aus allen möglichen Perspektiven. Ich hatte das dringende Bedürfnis, dieser Brust in ihrem ursprünglichen Zustand ein Denkmal zu setzen.

Brustkrebs ist ja etwas sehr Fieses. Weil der Krebs in diesem Fall ein Organ trifft, das wir schön finden, das uns Frauen ausmacht. Diese Identitätssuche fängt ja schon bei den Mädchen an, wenn die Brüstchen zu spriessen beginnen, bei der einen schnell, bei der anderen langsamer, die eine bekommt Zitronenbrüste mit hellen Brustwarzen, die andere schwere Orangen mit dunklen Brustwarzen. Ständig beobachtet man sich im Spiegel und überlegt, wie man wohl als Frau einmal aussehen werde. Und dann werden diese hypersensiblen Organe, auf die wir so viel projizieren, zum ersten Mal von einem Mann angefasst, und es ist ein Moment, den wir fast nicht aushalten, weil er so speziell ist und so schrecklich emotional aufgeladen. Später, wenn eine Frau ein Kind zur Welt bringt, bekommt die Brust noch eine zusätzliche, sehr wichtige Funktion, die darüber hinaus von einer unglaublichen Sinnlichkeit und als Bild schön anzuschauen ist: eine Mutter, die ihr Baby stillt.

Schon aus diesem Grund ist es fies, dass Brustkrebs bei Frauen so häufig ist, dass im Durchschnitt jede zehnte davon betroffen ist. Warum ausgerechnet die Brust, dieses für die weibliche Ästhetik, die Sexualität und Fortpflanzung so wichtige Organ? Warum nicht die Schulter oder die Kniescheibe? Wenn ich darüber nachdenke, werde ich fast ein wenig wütend. Es ist unfair. Das Pendant bei den Männern ist ja der Prostatakrebs: Ein für die Sexualität zentrales Organ ist auf einmal ausgeschaltet oder zumindest beeinträchtigt. Das finde ich fast noch schlimmer als Brustkrebs. Denn eine Frau kann auch ohne Brüste erfüllten Sex erleben.

Die Operation war für mich das kleinste Übel, wie sich im Lauf der nächsten Monate herausstellen sollte. Ich überstand sie gut, meine Brust sieht noch genauso aus wie früher. Und mein Mann findet sie sogar schöner als vorher. Straffer. Doch mir war klar, dass ich mich in eine Welt begeben hatte, die ich nicht kannte. Chemotherapie, Bestrahlung – ich wusste nicht, was das konkret hiess. So beschloss ich, mich der Therapie wie einem Experiment zu nähern. Wahrscheinlich bin ich einfach so veranlagt, auch in schlimmen Situationen schnell einmal das Positive zu sehen. Was kann ich daraus ziehen, was kann ich lernen, das ich sonst nicht lernen würde? So auch hier: Was bedeutet eine Chemo, was heisst das, wenn einem die Haare ausfallen, wenn man plötzlich eine Glatze hat? Wie gehe ich damit um, wie gehen andere mit mir um? Klar gab es die Momente, in denen ich allein und traurig war, in denen ich mich aufs Bett warf und weinte. Aber nach fünf Minuten war's wieder vorbei. Weinen bringt mir nicht viel, es zieht mich nur noch mehr hinunter.

Als ich die Haare verlor, waren mein Mann und ich in den Ferien in Riga. Ich wollte an einem Ort sein, wo mich niemand kannte, wenn ich mir zum ersten Mal den nackten Schädel würde bedecken müssen. Als ich eines Morgens ein ganzes Büschel auf dem Kissen vorfand, da wusste ich: Jetzt ist es so weit. Darauf zog ich mir in einer einzigen Prozedur alle Haare vom Kopf, so wie man ein Huhn rupfen würde, und mein Mann, er ist Filmregisseur, filmte mich dabei. Es war sozusagen eine

Performance. Die Aufnahme habe ich seither nie wieder angeschaut, aber der Akt an sich war für mich wichtig, um mit dem Geschehen klarzukommen. Vor der Rückreise aus Riga nach Zürich rief ich meine Coiffeuse an. Wegen der Perücke. Sie hatte angeboten, ich könne mich jederzeit melden, wenn es so weit sei, der Perücke, die ich noch vor den Ferien ausgesucht hatte, einen Monika-Schärer-Haarschnitt zu verpassen. Am Flughafen besorgte ich noch schnell eine Flasche Champagner, um 11 Uhr nachts trafen wir uns, und meine Coiffeuse schnitt in einer Night-Session die Perücke in Form. Wir hatten es sehr lustig. Für mich war es ein Glück, dass sie mitmachte.

Heute würde ich mir wahrscheinlich keine Perücke mehr machen lassen, sondern voll auf Glatze gehen. Damals entschied ich mich nicht aus Gründen der Ästhetik anders, sondern weil ich nicht wollte, dass die Medien es sofort mitbekamen. Ich wollte mich ein wenig verstecken, denn ich hatte ursprünglich vor, auch während der Therapie zu arbeiten. Meine Freunde brachten mich zum Glück von diesem schwachsinnigen Gedanken ab. Ich war krank, Punkt.

Ich glaube schon, dass man als Patientin, als Patient einiges für sich tun kann. Nicht in Bezug auf Heilung – denn das würde ja heissen, dass diejenigen, die den Kampf gegen den Krebs verlieren, etwas falsch gemacht oder etwas verpasst haben. Ich würde nie so etwas sagen. Aber ich bin fest davon überzeugt, dass man seine Lebensqualität in dieser Zeit sehr wohl verbessern kann. Sich motivieren, sich nicht hängen lassen, sich aktivieren, sich nicht nur in andere Hände geben, sondern in sich hineinhören, was kann ich mir Gutes tun, wie kann ich das anpacken – all dies spielt sicher eine Rolle.

Die Chemotherapie war einfach nur scheusslich, mehr lässt sich dazu nicht sagen. Erträglich wurde sie für mich dank einem lustigen Umfeld von Freundinnen, mit denen ich viele heitere Abende verbrachte. Wir näherten uns dem Thema mit schwarzem Humor und lachten uns kaputt dabei. Wir machten zum Beispiel Witze darüber, wie man den Portkatheter – das ist dieses Ding unter der Haut, über das die Chemo ins Blut gelangt – den Junkies auf der Langstrasse verhökern könnte. Total schwarz, total schräg. Ich will es nicht als Rezept anbieten, aber mir tat das Lachen wahnsinnig gut.

Nach vier Monaten war die Chemotherapie vorbei, die anschliessenden Bestrahlungen waren bedeutend einfacher auszuhalten. Da ich die Krankheit immer als vorübergehende Phase betrachtet hatte, überstand ich die Behandlung insgesamt recht gut. Ich redete mir immer zu, dass es irgendwann vorbei sein werde, und bis heute hat sich das bewahrheitet.

Ein bisschen verwundbarer als früher bin ich allerdings schon. Es ist ein nachhaltiges Gefühl. Weil dir bewusst wird, dass es dich jederzeit und überall treffen kann. Das wirft dich erst mal aus der Bahn. Die Prioritäten verschieben sich, allenfalls auch die Möglichkeiten, und du musst dich der Situation anpassen.

In meinem ganzen Leben hatte ich immer ein gutes Selbstvertrauen. Schon als kleines Mädchen hatte ich keine Angst, es machte mir nie etwas aus, im Dunkeln allein durchs Dorf zu gehen oder später, als Erwachsene, eine Tiefgarage zu betreten. Aber irgendwann wurde mir bewusst: Es ist ein Glück, wenn dir nie etwas Unangenehmes passiert, wenn du nie in eine bedrohliche Situation gerätst. Denn in dem Moment, in dem dich so ein Krebs, mit dem du nicht gerechnet hast, von hinten links erwischt, hast du diesen angstlosen Zustand verloren. Nur solange nichts passiert ist, kannst du dir leisten, keine Angst zu haben.

Insofern habe ich die eigene Endlichkeit stärker vor Augen als früher. Wenn man so etwas erlebt hat, wird einem bewusst: Man ist nicht unsterblich. Es ist keine Selbstverständlichkeit, ein Alter von 85 zu erreichen. Und man beginnt, sich Fragen zu stellen: Wie verbringe ich die Zeit, die mir gegeben ist? Was will ich wirklich im Leben?»

FOTO: PRIVAT

Walter Raaflaub

Des Mannes Kern

In einem schonungslos offenen Tagebuch beschreibt der Allgemeinmediziner Walter Raaflaub die Folgen einer radikalen Prostataoperation: Er wird impotent und inkontinent. Das Buch rüttelt an einem Tabu, und die Reaktionen zeigen, dass es unzähligen Männern ähnlich ergeht. Wären die Patienten besser informiert und das Verhältnis zum Arzt vertrauensvoller, liesse sich viel Leid vermeiden, glaubt Walter Raaflaub.

«Was ein Erdbeben für die Erde ist,
das kann Krankheit sein für den Menschen.»

WALTER RAAFLAUB

Der Gang ist beschwingt, der Händedruck fest, die Augen im sonnengebräunten Gesicht blitzen neugierig hinter den Brillengläsern: Auf den ersten Blick ist Walter Raaflaub, wie er da am Bahnhof von Zweisimmen steht und auf die Besucherin aus dem Unterland wartet, das perfekte Abbild eines «fitten Seniors». Als 68-Jähriger ist der ehemalige Hausarzt zwar im Ruhestand, doch steht er mit einem Bein noch immer im Berufsleben. Auf der rasanten Autofahrt von Zweisimmen nach Schönried erklärt er, dass sein Handy eingeschaltet bleiben und er Anrufe entgegennehmen müsse – denn nach wie vor ist er als Kreisarzt tätig und als solcher gefragt, wenn ein Todesfall in der Region polizeiliche Fragen aufwirft, etwa bei einem Suizid. «Spannend» sei diese Aufgabe, sagt er, während er gekonnt eine Kurve schneidet, denn sie bringe ihn als Arzt mit den unterschiedlichsten Menschen und Berufsgruppen zusammen.

Äusserlich ist Walter Raaflaub nicht anzumerken, dass er vor ein paar Jahren eine schwere Krebserkrankung durchgemacht hat, die ihn in seinen Grundfesten erschütterte. Ausgestanden ist die Sache nicht, denn irgendwo in seinem Körper, darauf deutet sein erhöhter PSA-Wert hin, muss eine Mikrometastase überlebt haben. Deshalb schlucke er vorbeugend Medikamente – um den Krebs, mit dem er wieder rechnen müsse, möglichst lange in Schach zu halten.

Ende 2002 wurde bei Walter Raaflaub ein Prostatakarzinom festgestellt. Auf einmal war er, der fürsorgliche und überaus engagierte Hausarzt in Schönried im Berner Oberland, ein Krebspatient, ein «Betroffener» wie Tausende anderer Männer auch. Prostatakrebs ist die am häufigsten diagnostizierte Krebserkrankung des älteren Mannes, ja die am meisten auftretende Krebsart überhaupt. Jedoch ist er wie kein anderer Krebs mit einem Tabu behaftet: weil er den Mann im Kern trifft, weil er mit schrecklichen Begriffen wie «Impotenz» und «Inkontinenz» verbunden ist. Prostatakrebs kann ein erfülltes Sexleben jäh beenden. Aber welcher Arzt spricht das einem Patienten gegenüber gerne an, welcher Mann spricht schon darüber? «Nirgends wird so viel gelogen wie bei der Sexualität», sagt George Thalmann, Chefurologe am Inselspital Bern.

Walter Raaflaub hat dieses Tabu gebrochen. Als bei ihm die Diagnose feststand, beschloss er, ein Tagebuch zu schreiben, das er später im Einvernehmen mit seiner Frau Renata, einer Anästhesistin, und den beiden Söhnen Michael und Matthias veröffentlichte.[1] Raaflaub ist ein unkonventioneller Arzt, der über Umwege zur Medizin gekommen ist, und deshalb vielleicht ein umso leidenschaftlicherer. Zuvor war er Lehrer, Taxichauffeur, Pfleger auf einer Leprastation in der Türkei, später, als seine Frau ihre Facharztausbildung absolvierte, eine Zeit lang Hausmann und engagierter Vater. Immer wieder war er auch schreibend tätig. Aus einfachen Verhältnissen stammend, hat Walter Raaflaub ein ausgesprochenes Interesse an den Wirrungen menschlicher Schicksale, auf die er bei seinen Taxifahrten, später in der Klinik, der eigenen Arztpraxis und auch an anderen Orten trifft. Das Notizenmachen gehört zu seinem Alltag wie für andere etwa das Fotografieren. Daraus entstanden im Lauf der Jahre unter anderem ein Band mit Kurzgeschichten, eine Biografie über den Skirennfahrer Michael von Grünigen, Kolumnen für die «Schweizer Familie», zahlreiche Artikel für die Lokalzeitung, ein Roman, der vorläufig Fragment bleibt.

Und dann also unter dem Arbeitstitel «Krebs mit Krücken» ein Tagebuch, dem der Verlag später den Titel «Tote Hose» gibt. Vom Schreiben verspricht er sich, das «Erdbeben» der Krebsdiagnose und die nachfolgende Therapie besser zu überstehen, eine «therapeutische Absicht» stecke womöglich dahinter, notiert er, «denn jetzt bin ich ein Patient, vielleicht auf lange Zeit hinaus ein Patient». Als solcher unterzieht er sich zunächst wegen zunehmend erschwerten Wasserlassens der «kleinen Prostataoperation», im Fachjargon TUR-P genannt: Über zwei kleine Öffnungen links und rechts der Harnröhre wird aus der umliegenden Prostata das krankhafte Gewebe entfernt, die Kapsel selbst bleibt wie eine ausgehöhlte Orange stehen. Der Eingriff verläuft gut, aber der feingewebliche Befund ist schlecht: Prostatakrebs. Die nachfolgende Kontrolluntersuchung beim Urologen zeigt, dass das PSA – das prostataspezifische Antigen,

[1] Walter Raaflaub: «Tote Hose – Worüber Männer schweigen». Wörterseh, Gockhausen 2007.

dessen Anteil im Blut auf eine Krebserkrankung hinweisen kann – nur wenig unter den kritischen Wert von 4 gesunken ist. Das bedeutet, es könnte noch bösartiges Gewebe in den äusseren Schichten oder in der Kapsel vorhanden sein. Drei Monate später liegt der PSA-Wert bereits bei 4,2: Walter Raaflaub muss noch einmal unters Messer, diesmal für eine Prostatektomie, eine radikale Entfernung der Prostata. Er schreibt in sein Tagebuch: «Eine grosse Operation. Sie soll aber bei den heutigen Techniken sehr sicher geworden sein. Als wichtigste Komplikationen die beiden I: Inkontinenz und Impotenz. Total undicht ungefähr einer von hundert, teilweiser Harnverlust in etwa 50 Prozent beim Husten, Niesen, Pressen und Lachen. Und, wenn man ehrlich sei, Impotenz zu fast 100 Prozent. Nach anderen Quellen, je nach Radikalität der Operation, 50 bis 80 Prozent. Dies ist der Preis für ein Leben danach, ein Leben hoffentlich ohne Krebs.» (S. 26)

Walter Raaflaub begibt sich auch für den zweiten Eingriff ins Regionalspital. Dieser Entscheid, sagt er, werfe im Rückblick Fragen auf, denn die Prostatektomie nach vorgängiger TUR-P gelte als heiklere Operation. In der Tat: Wegen einer schweren Nachblutung ist ein weiterer Eingriff nötig. Tagelang liegt der Patient Raaflaub auf der Intensivstation. Er erholt sich zwar rasch und beginnt in seiner Praxis auch bald wieder zu arbeiten, doch mit der Zeit kommen die Komplikationen des Eingriffs gnadenlos an den Tag. Die beiden «I» treffen ihn mit voller Wucht: Er ist der eine unter den hundert, der total undicht und impotent ist.

Was dies bedeutet, für ihn als Mann wie auch für die Beziehung zu seiner Frau, beschreibt Walter Raaflaub über 300 Seiten mit fast unerträglicher Offenheit. Drei Monate nach der Operation, nach einem Streit mit Renata, notiert er: «Es ist, als hätte sie mich ins Gesicht geschlagen. Ich gehe hinaus aus dem Bad, die Treppe hinab. Ein geprügelter Hund mit hängendem Schwanz. Vieles geht mir durch den Kopf. Ich bin inkontinent, trage Windeln seit drei Monaten, bin impotent – und ich soll zärtlich sein und zärtlich reden, auf sie zugehen, wenn ich mit meinem Zustand selbst gar nicht fertig werde. Wenn ich vom ewigen Seichen und von den erfolglosen Versuchen zuzuklemmen berichte, macht sie ein abweisendes Gesicht ... Hat sie nicht recht? Kann ein impotenter Mann, der überdies ins Bett pisst, sobald er keine Windeln trägt, etwas anderes als Enttäuschung und Abscheu erwecken? Was ist ein impotenter Mann? Doch wohl eine entsetzlich jämmerliche Witzfigur.» (S. 63)

Das Ehepaar schlittert in die Krise, Walter Raaflaub in eine Depression, an der auch die Penisspritzen, mit denen er ab und an eine Erektion zustande bringt, nicht wirklich etwas ändern. Er fühlt sich wie Tom Hanks im Film «Cast Away»: schiffbrüchig, mehr noch, «weggeputzt aus dem Kreis von allen, die unterhalb des Nabels noch etwas anderes verspüren als den Drang zum Seichen. Weggeputzt meine Potenz». (S. 113). Rational ist für ihn alles klar: Er würde die gleiche Operation ohne zu zögern noch einmal über sich ergehen lassen, im Bewusstsein, dass er dank ihr seine Gesundheit wiedergewonnen hat. Aber etwas von seinem Empfinden ist unwiederbringlich weggeschnitten.

Doch nicht alles in «Tote Hose» ist Lamento. Sein Hadern mit der eigenen Situation relativiert Walter Raaflaub, indem er im Tagebuch die Krankengeschichte seiner Schwägerin aufzeichnet, die ihren Befund fast zeitgleich erhält: Darmkrebs. Metastasierend. Unheilbar. Sie stirbt – er überlebt. Wie schlimm sind nun im Vergleich dazu Impotenz und Inkontinenz? Neben dem Mitgefühl und der Trauer, die er für die geschätzte Schwägerin empfindet, plagt ihn das schlechte Gewissen, besser dran und trotzdem undankbar zu sein.

Retrospektiv müsse er über seine depressive Phase manchmal den Kopf schütteln, sagt Walter Raaflaub heute. Doch aus der Distanz könne er seine Gefühle besser einordnen. «Die Impotenz war ein Schock, ein traumatisierendes Erlebnis, weil von einem Tag auf den anderen das Ausführinstrument für den Geschlechtsverkehr weg war», erklärt er. Etwa ähnlich müsse sich ein Spitzenathlet fühlen, der bei einem Unfall einen Fuss verliere. Über ein solches Trauma hinwegzukommen, es zu verarbeiten und mit der neuen Situation zurechtzukommen, sei ein Prozess, der Zeit brauche.

An die Inkontinenz kann sich Walter Raaflaub nicht gewöhnen. Und weder die Zeit noch diszipliniertes Beckenbodentraining ändern etwas an seinem Zustand. Der Urin läuft ihm unkontrolliert in die Windeln und einmal, als er sie zu wechseln vergisst, in die weisse Praxishose, mitten in einer Untersuchung. «Unerträglich», rekapituliert der pensionierte Hausarzt. Seine Rettung ist ein künstlicher Blasenschliessmuskel, den die Urologen im Berner Inselspital ihm schliesslich implantieren. Gegenüber vorher ein traumhaftes Ergebnis, auf einmal kann er wieder fast normal auf die Toilette gehen. Eine enorme seelische Belastung fällt von ihm ab. Sexuell finden Walter Raaflaub und seine Frau ebenfalls Mittel und Wege: Mithilfe einer Vakuumpumpe bringt er regelmässig eine befriedigende Erektion zustande. «Sex mit Krücken», nennt es Walter Raaflaub lachend. Er sagt, er sei beileibe kein Erotomane, kein Süchtiger, der auf Gedeih und Verderb einen Orgasmus haben müsse, sondern ein normaler Mann, für den Sex zum Leben gehöre wie andere Grundbedürfnisse auch.

Ende gut, alles gut?

Walter Raaflaub und seine Frau Renata sind mit ihrem Schicksalsschlag fertig geworden. Für sie hängen letztlich weder der eigene Seelen- noch der Ehefrieden vom Sexualleben ab. Aber andere Männer oder Ehepaare, die Ähnliches durchmachen, finden kaum mehr zu einem Gleichgewicht zurück. Das wurde Walter Raaflaub bewusst, nachdem 2007 sein Buch erschienen war. Im «Casino» in Luzern nahm er vor 500 Anwesenden an einer Veranstaltung zum Thema Prostatakrebs teil. Anschliessend seien vor allem Frauen auf ihn zugekommen, «mein Mann hat das Gleiche», klagten sie oder «mein Mann hat auch dieses Problem». Sie hatten Hemmungen, unkontrollierten Harnverlust und Potenzstörungen als solche zu benennen. Aus den vielen Zuschriften, die er seither bekam, geht vor allem etwas deutlich hervor: Viele Männer oder Paare fühlen sich vom Urologen oder Hausarzt im Stich gelassen, «allein gelassen mit ihren Problemen, über die vor der Operation niemand mit ihnen Klartext gesprochen hat». Natürlich sind die Risiken der beiden I in jeder Patienteninformation wortreich beschrieben, klar sind diese Schriftstücke gespickt mit Zahlen, die einen Mann vor der Operation darüber aufklären sollen, mit welchen Nebenwirkungen er in welchem Fall zu rechnen habe. «Aber es in Worten auszusprechen – ‹Sie könnten impotent und inkontinent werden› –, hat auf einen Patienten eine ganz andere Wirkung, als wenn man ihm einfach einen Zettel abgibt», sagt Walter Raaflaub.

Das Erscheinen von seinem «Tote Hose»-Buch wurde von Urologen teilweise mit Argwohn registriert. Manche hätten das Buch wohl als Angriff auf die eigene Zunft gedeutet, vermutet Raaflaub, «obwohl es keineswegs so gemeint war». Nach einem Interview in einem Zürcher Lokalradio rief ihn die Ehefrau eines Urologen an, es war schon das zweite Mal, dass sie auf ihn zukam, um den Berufsstand ihres Gatten zu verteidigen: Der Urologe operiere ja nur, der habe keine Zeit zum Reden und Aufklären, das sei die Aufgabe der Hausärzte. Doch diese sind offenbar auch nicht immer gewillt, die unangenehme Aufgabe zu übernehmen, oft geben sie den Ball zurück an den Urologen. «Der Tenor der Briefe, die ich bekomme, lautet: ‹Wir können mit unserem Arzt nicht reden›», sagt Walter Raaflaub, während er in der Küche am Herd steht und für das Mittagessen Fleisch anbrät. «Also gibt es bei diesem Thema bei den Ärzten offensichtlich Probleme, zumindest ein Informations- und Mittragproblem.» Und einzelne Ärzte würden ihre Patienten schlicht anlügen, etwa, indem sie von «Osteoporose» sprächen, wenn es sich in Wahrheit um Metastasen handle.

Walter Raaflaub ist anders: ein grundehrlicher Mann mit einem weit offenen Herzen, erst recht, wenn es um Patienten geht. Auch deshalb hat er es sich zur Aufgabe gemacht, Rat suchenden Menschen zu helfen. Gewissenhaft beantwortet er jede Zuschrift, mit manchen Briefeschreibern und -schreiberinnen ist er seit Jahren in Kontakt; er besucht Podien und Selbsthilfegruppen in der ganzen Schweiz, auch wenn sich dort nur eine Handvoll Männer versammelt. Und er hat ein Internet-Forum gegründet, in dem er Fragen beantwortet und wo betroffene Männer sich austauschen (www.totehose.info). Raaflaubs Wunschvorstellung aber ist und bleibt ein gutes, ehrliches Arzt-Patienten-Verhältnis. «Wenn der Arzt seine Patienten auf Augenhöhe informiert», sagt er, «dann kann alles auf den Tisch, und sei die Botschaft noch so schwierig.» Das brauche eben Zeit – und Rückgrat.

Als Walter Raaflaub von seiner Verlegerin den Zuschlag für das «Tote Hose»-Buch erhielt, erfuhr er gleichentags, dass sein PSA-Wert seit der fatalen Operation wieder leicht gestiegen war. Nach der medizinischen Literatur kann dies in 20 bis 30 Prozent der Fälle nach radikaler Prostataentfernung eintreten. Es bedeutete, dass er dem Krebs womöglich nicht entkommen war, dass sein ganzes Leiden ihm unter Umständen nur einen Aufschub eingebracht hatte für etwas, was ihn früher oder später wieder einholen würde. Er dachte an die Metastasen, die irgendwann sein Becken, dann die Wirbelsäule, schliesslich sein ganzes Skelett befallen würden, an die Schmerzen, die es zu bekämpfen gäbe. Eine tiefe Trauer befiel ihn vor allem beim Gedanken, dass er das Erwachsenwerden der Söhne, beide Anfang 20, vielleicht nicht mehr lange miterleben würde.

Mittlerweile ist er wieder gelassener und «voller Tatendrang», wie er sagt. Seinen Optimismus begründet Walter Raaflaub nicht nur mit den vorbeugenden Medikamenten, die er schluckt, und mit der gegarten Tomate, die er täglich isst, sondern vor allem mit dem Wissen darum, dass man auch mit Krebs noch lange leben kann. «Gut möglich, dass mich letztendlich etwas anderes unter die Erde bringt», meint er. Krebs könne zwar heissen, früher zu sterben als gemäss der statistischen Lebenserwartung. Ihm und seiner Frau sei durch die eigene Erfahrung

FOTO: PRIVAT

bewusst geworden, dass das Ende womöglich näher gerückt sei. «Aber dadurch bin ich noch lebenszugewandter geworden», sagt er. «Und Angst vor dem Tod habe ich auch keine.» Ein Zitat vom Ende seines Buches unterstreicht dies: «Dächten wir aber auch über das Sterben ernsthaft nach, es fiele uns im Leben manches leichter, und vieles, was wir bloss verschwommen wahrnehmen und nie zu Ende denken, erhielte unversehens präzisere Konturen.» (S. 297)

Auf dem Geländer des Balkons, auf dem wir nach dem Mittagessen sitzen und Kaffee trinken, haben sich ein paar Spatzen niedergelassen. Walter Raaflaub füttert sie mit Gebäck von seinem Teller, die kleinen Vögel picken die Krumen dankbar auf. Leben, auch das.

Christian Wasserfallen

Legat eines Menschenfreundes

Weil er für Ruhe und Ordnung einstand und bei Demonstrationen schonungslos durchgriff, hatte der langjährige Berner Polizeidirektor Kurt Wasserfallen das Image eines Hardliners. Nach seinem Krebstod 2006 wurde offenbar, dass der Vollblutpolitiker auch in menschlicher Hinsicht erstaunlich gewesen war. Sein Sohn Christian, der heute im Nationalrat sitzt, will das Erbe seines Vaters fortführen: die klare Linie wie auch das Menschliche.

Es ist viel los an diesem Novembernachmittag auf der Ka-We-De, der altehrwürdigen Berner Kunsteisbahn in der Nähe des Tierparks Dählhölzli. Auf dem einen Eisfeld, das von der schräg einfallenden Sonne in ein goldenes Licht getaucht ist, üben sich Kinder und Jugendliche im Schlittschuhlaufen, auf dem anderen absolvieren Junioren-Eishockeyaner eine Trainingsstunde, und vor dem Café ist eine Handvoll Sportstudierende in die Geschichte des Eissports vertieft, die ihnen eine Mitstudentin auf dem Flipchart präsentiert. Eine grüne, spiralförmige Rutsche im Hintergrund erinnert daran, dass die Ka-We-De im Sommer als Freibad, als Wellenbad, genutzt wird. Kunsteisbahn-Wellenbad-Dählhölzli – diese drei Wörter verstecken sich hinter der Abkürzung «Ka-We-De», was vielleicht als ironische Anlehnung an das «KaDeWe», das «Kaufhaus des Westens», in Berlin zu verstehen ist.

An der Bande des Eishockeyfeldes steht Christian Wasserfallen, 28 Jahre alt, und schaut versonnen dem Treiben zu. Er trägt Anzug und Krawatte, denn anschliessend fährt der FDP-Jungnationalrat zu einer Sitzung ins Bundeshaus. Im Moment aber ist er mit den Gedanken ganz woanders, nämlich in seiner Kindheit. Damals flitzte er selbst als stockbewehrter Junior mit Schlittschuhen an den Füssen übers Eis, von Herbst bis Frühling verbrachte er jede freie Minute beim «Hockeyle». Oft begleitete ihn an den Wochenenden sein Vater, Kurt Wasserfallen. Auf dem Eis hatten die beiden Wasserfallen viel Spass, und auch zu den Spielen des SCB im Eisstadion gingen Vater und Sohn häufig gemeinsam. Sie standen meistens auf der Stehtribüne – wie alle anderen SCB-Fans auch. Hätte Kurt Wasserfallen stattdessen von seinem Privileg als VIP Gebrauch gemacht – es hätte besser zum Bild gepasst, das die Öffentlichkeit von dem schlanken, autoritär wirkenden Mann mit dem Schnurrbart hatte.

Kurt Wasserfallen war lange Jahre Berns Polizeidirektor, und als solcher war er landesweit bekannt: weil er beinhart für Ruhe und Ordnung einstand, weil er bei Demonstrationen schonungslos durchgriff, weil er in der Berner Drogenpolitik eine kompromisslose Haltung einnahm und jede Szene konsequent auflöste. Kurt Wasserfallen war ein «Hardliner» – von vielen Bürgerlichen geschätzt, von den Berner «Spontis» und den «Linken und Netten» gehasst.

Doch so sehr er mit seiner harten Politik polarisierte, die Schwarz-Weiss-Beschreibung wird dem Mann nicht gerecht. Das zeigte sich fast überdeutlich, als Kurt Wasserfallen am 2. Dezember 2006 mit 59 Jahren an Krebs starb. Die Nachricht rief von rechts bis links Bestürzung hervor. Man war schlicht schockiert, dass dieser Vollblutpolitiker so überraschend von der Bühne abtreten musste. Und nach seinem Tod wurde erst so richtig offenbar, was man an ihm gehabt hatte: «Wenn er von einer Sache überzeugt war, dann kämpfte er unerbittlich», sagte Berns sozialdemokratischer Stadtpräsident Alexander Tschäppät vor laufender Kamera, «aber das Angenehme seiner Person war, man konnte danach zusammensitzen, er war nicht nachtragend, man konnte gemeinsam neue Projekte anpacken, und das hat seine Art so einmalig gemacht.» Die Grüne Therese Frösch, mit der Wasserfallen im Gemeinderat, der Berner Exekutive, und später im Nationalrat gesessen hatte, brachte es in einem Nachruf in der «Weltwoche» auf den Punkt: «Wir waren stets harte politische Gegner, aber wir kämpften mit offenem Visier und auf gleicher Augenhöhe. Kurt war ein starker Rhetoriker, doch im Gegensatz zu vielen Politikern teilte er nicht nur aus, er konnte auch mächtig einstecken. Und bei allen politischen Differenzen hatten wir immer einen starken menschlichen Draht zueinander.»

Diese Menschlichkeit scheint auch den Sohn auszuzeichnen. Gemessen an seiner Politik könnte man zwar auch den jungen Wasserfallen einen «Hardliner» nennen. Auch er politisiert eher am rechten Rand der FDP, auch er vertritt seine – konservative – Linie konsequent, was ihm bei Halbzeit der Legislatur im Parlament viel mediale Anerkennung eingebracht hat. Aber Christian Wasserfallen ist auch ein sehr angenehmer Zeitgenosse: freundlich, zuvorkommend, ehrlich, offen. Das Fairplay, das er auf dem Eishockey- und Unihockeyfeld lernte, hat er offenbar in den Nationalratssaal transferiert. Seine Linie verteidigt er durch alle Böden, solange die anderen keine besseren Argumente haben, aber ein harter Mensch ist er deswegen noch lange nicht. Im privaten Rahmen scheut er sich nicht, seine Gefühle zu zeigen. Ein wahrer Schwiegermuttertraum. Wie hat sein Vater, Kurt Wasserfallen, ihn geprägt?

«Er war ein strenger Vater», erzählt Christian Wasserfallen, als wir im Ka-We-De-Café sitzen. «Seine Prinzipien, nach denen er politisierte, vertrat er auch zu Hause. Er und meine Mutter Margret hatten eine klare Linie, beide setzten mir und meinem älteren Bruder Leitplanken, innerhalb denen man sich bewegen konnte. Überschritt man diese, dann merkte man es sofort.» Tischsitten, Pünktlichkeit, Verlässlichkeit, ein gesundes Mass beim Fernsehkonsum und später beim Ausgehen Anstand, das Einhalten von Regeln: Diese Sekundärtugenden wurden im Hause Wasserfallen hochgehalten. Man wusste immer, woran man war.

Für Christian Wasserfallen war es nicht immer einfach, in einem solchen Elternhaus aufzuwachsen. Die «Leitplanken» übertreten hiess, dass man nicht nach draussen zum Spielen oder ins Freibad durfte, später, dass der Eishockeymatch oder das Kino am Wochenende gestrichen waren. Rückblickend aber schätzt Christian seine strikte Erziehung. «Ich kann heute nur davon profitieren», beteuert er. Und er glaubt, dass sich viele Probleme der heutigen Jugend, etwa Gewalt- oder Drogendelikte, vermeiden liessen, würde man den Kindern klarere Leitplanken setzen.

1992 wurde Kurt Wasserfallen in den Gemeinderat gewählt und damit, nach Ämtern im Berner Stadt- und Kantonsparlament, endgültig zur öffentlichen Person. Christian war damals elf Jahre alt. Es dauerte nicht lange, bis an seinem Vater das Image des gnadenlosen Polizeidirektors klebte. So trat der promovierte Chemiker radikal gegen die Legalisierung harter und weicher Drogen ein, auch dann, wenn diese als «Hilfe zum Ausstieg» gedacht waren. Nur durch Zwang könne der Ausstieg gelingen, war Kurt Wasserfallen überzeugt, denn Drogenabhängige hätten keinen eigenen Willen mehr. Die Gassenküche für Junkies auf der Bundesterrasse eliminierte der Polizeidirektor quasi im Handstreich und im Alleingang, Repressionen gegen Dealer liess er zurückfahren, nur um die Voraussetzungen für ein härteres Durchgreifen zu schaffen. Er sei eben derjenige, der für «Zündstoff» in der Berner Exekutive sorge, liess sich Kurt Wasserfallen in den Medien zitieren. Denselben «Zündstoff» brachte er ab 1999 als Nationalrat auch ins Bundeshaus.

Christian Wasserfallen hatte zunächst einen schweren Stand, als er 1996 am Gymnasium Kirchfeld mit 15 Jahren das Wirtschaftsgymnasium begann. Seine Mitschüler, die politisch fast alle links standen, sahen im Sohn des Polizeidirektors eine willkommene Zielscheibe für Spott und Hohn. Die besonders Niederträchtigen liessen sich sogar dazu herab, seine Schulsachen zu beschädigen. War Christian Wasserfallen nie versucht, gegen seinen Vater zu rebellieren? Um Anschluss bei seinen Klassenkameraden zu finden? Um dazuzugehören? «Nein, dazu hatte ich nie Lust», sagt er. «Ich war im Gymnasium der Einzige, der keine links-grüne Haltung vertrat. Wenn man die Themen allein vertreten kann, dann lernt man zu argumentieren, die Gegenposition zu zerpflücken. Insofern hat mich mein Vater politisiert.»

Die Drogendiskussion geriet auch für den Sohn zum Politlehrstück: Während viele seiner Mitschüler kifften, verteidigte Christian Wasserfallen in der Klasse eine Anti-Cannabis-Position. «Für mich war es eine exemplarische Diskussion, in der ich lernte, dass oft wenig kommt, wenn man den Gegner herausfordert.» Im Übrigen habe sich seine Haltung auf lange Sicht als «richtig» erwiesen – das Volk sei nicht bereit gewesen, Cannabis zu legalisieren.

Fast in allen Bereichen folgte Christian Wasserfallen den Überzeugungen des Vaters, nur in einem nicht: dem Militär. Als Offizier war Kurt Wasserfallen der Meinung, dass die Armee eine exzellente Kaderschmiede sei, die einem jungen Mann wertvolle Führungserfahrung vermitteln könne. Der Sohn hingegen machte in der Armee nicht weiter; weil er es ablehnte, «dass man das Militär als festen Bestandteil einer Karriere betrachtet». Andererseits, als Christian Wasserfallen nach zwei Semestern sein Physikstudium abbrach, weil ihm der Uni-Betrieb viel zu theoretisch war, beruhigte ihn der Vater: Er müsse nicht auf Biegen und Brechen ein Hochschulstudium an der Uni absolvieren; er solle doch stattdessen an der Fachhochschule Maschinenbau studieren; auch dies sei ein gangbarer Weg. Nur abschliessen müsse er, wenn er sich dafür entscheide – was Christian Wasserfallen dann auch tat. Heute ist er Maschineningenieur FH und arbeitet neben seinem Nationalratsmandat Teilzeit an einem Forschungsinstitut der Fachhochschule.

2001 wurde bei Kurt Wasserfallen Krebs diagnostiziert. Der Befund lag vor, nachdem sich der Polizeidirektor für einen Jet-Flug einem fliegerärztlichen Check unterzogen hatte, eine Routineangelegenheit, die aber genaue Abklärungen nach sich zog. Diese ergaben, dass Kurt Wasserfallen einen Tumor an der Wirbelsäule hatte, ausserdem auf der Lunge eine Reihe von Metastasen, «wie kleine Kugeln», wie Christian erklärt. Wahrscheinlich war dieser Krebs die Spätfolge einer lang zurückliegenden Geschichte, bei der Kurt Wasserfallen ein Tumor aus der Kniekehle entfernt worden war. «Gutartig», hiess es damals.

«Für die Familie war die Krebs-Diagnose ein Schock», rekapituliert der Sohn, «doch sie wurde nicht zur Belastung. Mein Vater entwickelte einen Wahnsinnswillen, das Leiden zu besiegen.» In den folgenden Jahren musste sich Kurt Wasserfallen vielen, zum Teil schweren Operationen unterziehen. Den Tumor an der Wirbelsäule konnten die Ärzte relativ leicht wegoperieren. Schwieriger waren die kleinen Krebsherde auf der Lunge, die, kaum hatte man sie an einer Stelle entfernt, wie Pickel woanders wieder auftraten. Durch die vielen Eingriffe verlor Kurt Wasserfallen mit der Zeit an Lungenvolumen und dadurch an Atemkapazität, was sich etwa beim Wandern bemerkbar machte. «Ihm, der früher wie ein Steinbock über Stock und Stein geklettert war, ging buchstäblich die Puste aus», erinnert sich sein Sohn. Die Öffentlichkeit allerdings bekam vom Leiden des Polizeidirektors kaum etwas mit. Man wusste zwar, dass er krebskrank war, aber äusserlich liess sich Wasserfallen nichts anmerken. War es wieder an der Zeit für einen Eingriff, dann brachte er ihn schnellstens hinter sich, um sich nach rekordverdächtiger Rekonvaleszenz wieder in die Arbeit zu stürzen. Musse leistete er sich keine. «Er war ein Vollblutpolitiker, er konnte nicht anders», schrieb Therese Frösch in ihrem Nachruf.

Der Krebs hatte auch keinen Einfluss darauf, dass Kurt Wasserfallen 2003 die politische Enttäuschung seines Lebens erlitt.

Im Frühling hatte er sich mit den übrigen Mitgliedern des Gemeinderats und dem Kommandanten der Stadtpolizei über Polizeieinsätze bei Demonstrationen gestritten. Seine Kolleginnen und Kollegen im Gemeinderat entzogen ihm darauf die Verantwortung für die Polizei – «ohne Vorgespräch wie aus dem Nichts», sagt sein Sohn. Eine Parlamentarische Untersuchungskommission warf dem Polizeidirektor Führungsmängel vor. Es war eine Schmach ohnegleichen für diesen selbstbestimmten Mann. Kurt Wasserfallen wurde gegen seinen Willen in die Finanzdirektion versetzt, der er bis zu seinem Tod vorstand. Zum Streit im Gemeinderat kam es später nicht mehr – die Enttäuschung aber blieb.

«Es war ein Schmierenstück», sagt Christian Wasserfallen, der die väterliche Demütigung bis heute nicht überwunden hat. Heftig doppelt er nach: «Ein solcher Akt ist erstens einzigartig in der Schweiz, er entbehrte, wie man zweitens herausfand, jeglicher Grundlage, und drittens hätte es nie zu diesem Verhalten führen dürfen, schon gar nicht hinterrücks!» Sie hätten ein abgekartetes Spiel gespielt, die damaligen Drahtzieher, ein Spiel, das er «diesen Leuten» niemals verzeihen könne. «Meinem Vater war kein Kampf zu hart, um in den Ring zu steigen und ehrlich zu fighten. Doch dazu fehlte diesen Leuten das Rückgrat.» Wie sich aber zeigen sollte, konnte Kurt Wasserfallen aus der Krise sogar Profit ziehen: Weil sein Name in aller Munde war, wurde er im Herbst 2003 sowohl als Gemeinde- wie auch als Nationalrat glänzend wiedergewählt. «Mein Vater stieg letztlich als Gewinner aus dem Ring», resümiert sein Sohn.

Gegen Ende 2006 ging es Kurt Wasserfallen gesundheitlich deutlich schlechter. Seiner Familie gegenüber äusserte er ungewohnte Sätze, zum Beispiel, dass er «nur noch eine Last sei». Für Christian jedoch waren dies höchstens Anzeichen für einen psychischen Hänger – nicht aber dafür, dass es mit dem Vater zu Ende gehen könnte. Im Spätsommer hatte Kurt Wasserfallen im Spital einen ärztlichen Bericht erhalten, von dem er seinen Angehörigen gegenüber behauptete, dieser sei «gut» und er selbst daher froher Hoffnung, bald zu genesen. «Ich weiss bis heute nicht, was genau der Bericht enthielt, will es auch gar nicht wissen, aber ich vermute, dass nichts Gutes darin stand, dass mein Vater im Gegenteil einen katastrophalen Bericht bekommen hatte. Ob er uns schützen wollte – ich weiss es nicht.» Bis zur Nacht des 2. Dezember 2006, als «es» dann passierte, hatte Christian Wasserfallen keinen Gedanken daran verschwendet, dass sein Vater bald sterben würde. Dieser bereitete sich auf die Wintersession vor, die am 4. Dezember beginnen sollte.

Kurt Wasserfallens Todesnacht verlief dramatisch. Der junge Christian kann heute noch nicht davon erzählen, ohne mit den Tränen zu kämpfen: wie sein Vater an diesem Freitagnachmittag, nach einem Besuch des Hausarztes, noch gesagt habe, er könne wieder etwas besser atmen, wie er sogar noch draussen gewesen sei; wie er, Christian, abends zum Unihockeytraining gegangen sei und der Vater bei seiner Rückkehr schon geschlafen habe; wie er dann mitten in der Nacht von seinem Bruder geweckt worden und ins Badezimmer geholt worden sei, wo er den Vater blutüberströmt am Boden liegend vorgefunden habe ... «Dieses Bild werde ich nie, nie in meinem Leben vergessen», sagt Christian Wasserfallen schluchzend. Aber es sei ihm wichtig, darüber zu reden. Den nachfolgenden Trauergottesdienst im Berner Münster hat der Jungpolitiker zum Teil wie einen Film in Erinnerung. Das Fernsehen war da, die wichtigen Zeitungen, alles, was in Bern Rang und Namen hatte. «Wir mussten einfach funktionieren, standen extrem im Rampenlicht, wobei uns die breite Anteilnahme enorm freute», erinnert er sich.

Christian Wasserfallen ist es gelungen, aus dieser schwierigen Zeit eine grosse Kraft zu ziehen. Nach dem Tod seines Vaters stürzte er sich in seine Diplomarbeit, die kurz vor dem Abschluss stand, im Frühling 2007 unternahm er mit Kollegen eine lang geplante Reise nach Südamerika, nach Patagonien. Und dann begann schon der Wahlkampf für den Nationalrat, in den er dann, neben einer Reihe anderer Jungpolitiker, mit nur 26 Jahren gewählt wurde. Am 3. Dezember 2007, genau ein Jahr und einen Tag nach dem Tod von Kurt Wasserfallen, wurde sein Sohn Christian im Nationalrat vereidigt.

Seither wird der Jungpolitiker immer wieder gefragt, ob er in die Fussstapfen seines Vaters treten werde, oder auch, wie er sich aus dem Schatten von Kurt Wasserfallen zu lösen gedenke. Er gehe sportlich damit um, sagt der 28-Jährige: «Ich sage jeweils: ‹Das war Kurt Wasserfallen – und das bin ich. Ich kann ihn nicht nachahmen, seine Projekte nicht zu Ende führen, ich bin eine andere Person.›» Ein Legat seines Vaters jedoch wird Christian Wasserfallen nicht müde zu verteidigen: dass es in der Politik nicht nur den Kampf gebe, «sondern auch das Menschliche, die persönlichen Beziehungen».

FOTO: HANSUELI TRACHSEL, BREMGARTEN

Selina Capaul

Das Geschenk

Wenn ein Kind heutzutage an Leukämie erkrankt, stehen seine Heilungschancen meistens gut. Mit Chemotherapie überstehen 80 Prozent die Krankheit ohne weiteres Ereignis. Doch nicht alle leukämiekranken Kinder haben dieses Glück. Die zehnjährige Selina Capaul aus Niederbipp BE, die mit vier Jahren erstmals erkrankte, hatte zweimal einen Rückfall. Im Februar 2009 erhielt Selina von ihrer Zwillingsschwester Sarah eine Knochenmarkspende – und damit ein neues Leben.

GIRLS

Erwartungsfroh sitzen Selina und Sarah Capaul am Tisch des Wohnzimmers, das weihnachtlich geschmückt und von Kerzenduft erfüllt ist. Ihre Mutter Ruth Capaul, eine beherzt wirkende Frau, die an der Oberstufe Werken und Hauswirtschaft unterrichtet, hat die beiden zehnjährigen Mädchen darauf vorbereitet, dass an diesem Dezembernachmittag eine Journalistin zu Besuch kommen werde, um sie zu interviewen. Selina und Sarah finden das spannend, denn sie haben viel zu erzählen. Zum Beispiel von der bevorstehenden Lesenacht in der Schule, auf die sie sich gerade vorbereiten. Die von der Besucherin mitgebrachten Comics werden zwar freudig entgegengenommen, für die Lesenacht aber verworfen – nur «richtige» Bücher seien erlaubt, erklärt Selina ernsthaft.

Wüsste man es nicht, man würde die beiden Mädchen nicht für Zwillinge halten. Selina ist einen halben Kopf kleiner als ihre Schwester, und mit ihren kurzen, dunklen Haaren sieht sie eher aus wie der jüngere Bruder von Sarah, die mittellange, helle Haare hat. Ein an der Wand hängendes Foto zeigt aber, dass Selina früher auch helle, mittellange Haare hatte und im Grunde ihrer Zwillingsschwester ziemlich ähnlich sieht. Das Bild wurde im Oktober 2008 aufgenommen, wie Ruth Capaul sagt, und zwar in Portugal, wo Selina für ein paar Tage mit Delfinen schwimmen durfte. Eine Organisation hatte der Familie die Portugalreise geschenkt; für Selina, die Delfinnärrin, erfüllte sich damit ein lang gehegter Traum. Zu diesem Zeitpunkt war das Mädchen völlig unbelastet – ohne Therapie, ohne Krankheit. Es war ein Zustand, den sie in ihrem Kinderleben kaum kannte. Und er war auch diesmal nicht von Dauer.

Wenige Monate später, am 16. Februar 2009, erhielt Selina Capaul im Kinderspital Zürich eine Knochenmarkspende ihrer Zwillingsschwester Sarah. Es war ihre letzte Chance, die Leukämie zu überwinden. Für diese Prozedur musste Sarah eine schmerzhafte Operation mit Vollnarkose über sich ergehen lassen, Selina sechs Wochen Isolation in einem 2,5 auf 2,5 Meter grossen Glaskasten. Es war keine einfache Zeit, weder für die beiden Mädchen noch für ihre Eltern, Ruth und Theo Capaul. Doch die Pein scheint sich auszuzahlen: Seit der Transplantation sind zehn

Monate vergangen, in denen sich Selina gut erholt und – das Wichtigste! – keinen weiteren Rückfall erlitten hat. Nach medizinischem Ermessen ist sie über den Berg. Anfang November hat sie begonnen, wieder die reguläre Schule zu besuchen, wenigstens halbtags und noch ohne Turnen und Werken. Sie geht in die vierte Klasse im bernischen Niederbipp, in dieselbe wie ihre Zwillingsschwester. Am Anfang sei es etwas ungewohnt gewesen, nicht mehr, wie im Spital, eine Lehrerin für sich allein zu haben, erzählt Selina. Ausserdem mache ihr das Tempo noch etwas Mühe. Aber sie habe sich gefreut, endlich ihre «Gschpäänli» zu sehen, die ihr immer wieder Briefe ins Spital oder nach Hause geschickt hätten.

Es war im Januar 2003, die Zwillinge waren vier Jahre alt, als sich das Leben der Familie Capaul schlagartig veränderte. Ruth und Theo Capaul dachten damals gerade über ein drittes Kind nach, doch dann wurde die Familienplanung durch die Krankheit ihrer Tochter über den Haufen geworfen. Selina war nach Weihnachten kränklich gewesen, sie hustete viel und war bleich im Gesicht, «fast käsig», erinnert sich ihre Mutter. Ruth Capaul dachte sich nicht viel dabei. Als das Mädchen aber plötzlich am ganzen Körper blaue Flecken bekam, war sie alarmiert. Der eilends konsultierte Hausarzt schickte sie zu einem Kinderarzt nach Langenthal, dieser brauchte Selina nur kurz anzuschauen, um der Mutter ohne Umschweife zu erklären: Das müsse eine Leukämie sein, und zwar im fortgeschrittenen Stadium. Das Blutbild, das der Pädiater sogleich anfertigte, bestätigte den Verdacht: akute lymphatische Leukämie (ALL). «In einem solchen Moment fällt für Eltern die Welt zusammen», sagt Ruth Capaul. Dass dies erst der Anfang einer langen, schwierigen Prüfung war, wusste sie damals nicht.

Es folgte ein sehr intensives Jahr mit wöchentlicher Chemotherapie im Inselspital Bern, manchmal vier bis fünf Tage in Folge. Selina litt an der häufigsten Form von ALL, jener, bei der die Vorläuferzellen der B-Lymphozyten betroffen sind. Ihre Chancen standen gut. Mit den Nebenwirkungen der Chemotherapie hatte sie jedoch schwer zu kämpfen, dabei war die Glatze nicht das grösste zu ertragende Übel. Sie hatte zum Beispiel Schmerzen beim Essen, Schwierigkeiten beim Gehen, ständig entzündete Schleimhäute, Wasser- und Fetteinlagerungen als Folge des Cortisons, und sie war durch ihr geschwächtes Immunsystem sehr anfällig für Infekte aller Art. Der zweite Teil der Therapie, die sogenannte Erhaltungsphase, war einfacher auszuhalten, weil diese zum Teil auch zu Hause mit Tabletten durchgeführt werden konnte. Im August 2005, gut zweieinhalb Jahre nach Krankheitsbeginn, war die Therapie abgeschlossen. Die Capauls hofften, einen Schlussstrich ziehen zu können.

Es sollte Selina nicht vergönnt sein. Sieben Monate später, im März 2006, sie und ihre Zwillingsschwester waren bereits eingeschult, hatte Selina einen Rückfall.

Warum kehrt bei 20 Prozent der Kinder, die an Leukämie erkrankt sind, die Krankheit zurück? Dies, obwohl sie theoretisch die gleichen Chancen haben wie jene 80 Prozent, die nach drei Jahren individualisierter Therapie geheilt sind? Dies ist eine der Fragen, welche die weltweit vernetzte Leukämieforschung, an der auch die Schweizer Zentren rege teilnehmen, brennend interessiert. Bekannt ist, dass sich Leukämiezellen bei Kindern von denjenigen bei Erwachsenen grundlegend unterscheiden: Kinder bekommen fast ausschliesslich akute Leukämien, während Erwachsene mit zunehmendem Alter chronische Formen haben können.

Bei 25 Prozent der akuten lymphatischen Leukämien, auch dies ist wissenschaftlich belegt, ist eine leukämische Vorläuferzelle bereits bei der Geburt vorhanden, nachweisbar etwa im Nabelschnurblut. Diese Vorläuferzellen sind bei einem von 100 gesunden Neugeborenen nachweisbar; aber nur eines von 100 Kindern entwickelt tatsächlich eine Leukämie. Anders gesagt: Eines von 10 000 Neugeborenen wird statistisch gesehen im Lauf der Kindheit erkranken. «Leukämien stellen mit 25 Prozent den grössten Anteil an bösartigen Erkrankungen im Kindesalter, gefolgt von Hirntumoren mit 20 Prozent», erklärt Kurt Leibundgut, Professor und leitender Arzt der Abteilung für pädiatrische Hämatologie/Onkologie des Inselspitals Bern.

Für die Rückfallquote von 20 Prozent bei Leukämien haben klinische Forscher wie Kurt Leibundgut, der seit gut 20 Jahren krebskranke Kinder behandelt, zwar noch keine schlüssige Erklärung, aber immerhin eine plausible These: Es könnte eine leukämische Stammzelle geben, ähnlich einer normalen blutbildenden Stammzelle. Die blutbildenden Stammzellen des Knochenmarks, der eigentlichen «Blutbildungsfabrik» des Körpers, sind in der Regel schlafende, sich nicht teilende Zellen. Eine Chemotherapie tangiert diese Zellen nicht. «Wenn nun die These einer leukämischen Stammzelle tatsächlich stimmt, bedeutet dies, dass die Zytostatika einer solchen Zelle nichts anhaben können», erklärt Kurt Leibundgut. Das heisst: Eine Chemotherapie, selbst wenn sie noch so genau auf das molekularbiologische Profil der Leukämiezellen eines einzelnen Patienten angepasst ist, bleibt in einem solchen Fall langfristig wirkungslos; denn die bösartige Vorläuferzelle im Knochenmark überlebt und kann sich irgendwann weiterentwickeln und vermehren.

Als Selina wieder krank wurde, stand neben einer erneuten Chemotherapie auch eine Knochenmarktransplantation zur Diskussion. Eine Untersuchung von Sarahs Blut hatte ergeben, dass die Schwester als Spenderin in Frage käme; die für eine Transplantation relevanten Gewebemerkmale, die sogenannten HLA-Typen, stimmten bei den Zwillingen, obwohl sie zweieiig sind, weitgehend überein. Das Ehepaar Capaul hatte jedoch kein gutes Gefühl. In der Nachbargemeinde war die leukämiekranke Tochter einer Familie, mit der die Capauls Kontakte pflegten, nach einer Knochenmarktransplantation gestorben. Selinas Eltern entschieden sich für eine zweite Chemotherapie; er wolle sich nicht für den Rest seines Lebens Vorwürfe machen, diese Chance verpasst zu haben, sagte Theo Capaul zu seiner Frau. Für Selina bedeutete das, die gleiche Tortur wie drei Jahre zuvor erneut auf sich zu nehmen, wieder eine Glatze, wieder viele Spitalaufenthalte, wieder die schweren Nebenwirkungen der Therapie.

Als es Ende April 2008 vorbei war, hatten sie und ihre Schwester den neunten Geburtstag bereits hinter sich. Selina war zwar noch immer ein Kind, aber sie begriff die Tragweite ihrer Krankheit. Ihren Eltern bedeutete sie klipp und klar, dass sie leben wolle, egal, was noch kommen sollte. Sie war ja nicht «nur» ein krankes Kind, sondern ein lebhaftes Mädchen wie andere auch, mit ausgeprägten Abneigungen und Vorlieben. Sie interessierte sich zum Beispiel fanatisch für Delfine. Praktisch jedes Buch, das die Schulbibliothek über die Meeressäuger führte, lieh sie aus. Und ihr Zimmer verwandelte sie nach und nach in ein Delfinarium.

«Selina ist eine Kämpferin», rekapituliert Ruth Capaul, «das haben sie uns auch im Spital immer wieder bestätigt.» Letztlich war es Selina selbst, die ihren Eltern Kraft gab, als sie im November 2008, wiederum sieben Monate nach Abschluss der Therapie, den zweiten Rückfall hatte. Bei ihrer Weihnachtsfeier wussten die Capauls nicht, ob ihre Tochter ein Jahr später noch bei ihnen sein würde. Jetzt gab es nur noch eine Möglichkeit: Sarahs Knochenmark.

Vor einer Knochenmarktransplantation wird die gesamte Blutbildung eines Patienten restlos eliminiert. Sobald die neuen Stammzellen eines Spenders im Blutkreislauf sind, finden diese von allein den Weg ins Knochenmark des Empfängers. Dort bilden sie nach einigen Wochen funktionstüchtige Blutzellen und bauen im Lauf der Monate ein neues Immunsystem auf. Darüber hinaus haben die Spenderstammzellen die Möglichkeit, restliche Leukämiezellen und deren Vorläufer beim Empfänger abzutöten. «Dieser Mechanismus ist gut beschrieben und in der Medizin als ‹graft versus leucemia›-Effekt bekannt», erklärt Kurt Leibundgut. Unglücklicherweise gibt es auch den nachteiligen Effekt, «graft versus host» genannt. In diesem Fall greifen die Spenderzellen den Organismus des Empfängers an.

Für Sarah Capaul stand ausser Frage, ihrer Zwillingsschwester zu helfen. Ihre Eltern hatten mit ihr fast wie mit einer Grossen geredet. Sie hatten gesagt, dass der «Pieks» in ihre Hüfte wehtun würde, dass sie dafür ins Spital gehen und eine Operation haben müsse. Sie hatten auch noch gesagt, dass es für Selina praktisch die einzige Chance sei, dass sie dadurch aber vielleicht ganz gesund werde. Für Sarah spielten diese verschiedenen Facetten bei ihrer Entscheidung keine Rolle. Selbstverständlich sagte sie Ja. Sie war mit Selina immer zusammen gewesen, fast alles, was für sie zählte, hatte sie mit ihr gemeinsam erlebt, sie wollte sich ein Leben ohne ihre Schwester gar nicht vorstellen. Da konnte sie ihr doch das bisschen Knochenmark abgeben, oder?

Ihren zehnten Geburtstag feierten Selina und Sarah Capaul in einer der vier Isolierkabinen auf der Onkologiestation des Kinderspitals Zürich. Der enge Raum verfügte über ein Bett, einen Stuhl und ein Nachttischchen sowie Fernseher und Telefonanschluss. Er bot höchstens Platz für zwei Personen. Auf drei Seiten waren die Wände aus Glas, fast wie bei einem Aquarium. Selina, die hier wochenlang festsass, hatte somit Sicht auf den übrigen Raum – nicht aber nach draussen. Es war der 14. Februar 2009, Valentinstag. Die Pflegefachfrauen hatten für die Zwillinge einen speziellen keimarmen Kuchen gebacken. Zehn Tage zuvor war Selina ins Spital eingetreten, neben Chemotherapie hatte sie sechs Ganzkörperbestrahlungen hinter sich, sodass sie über keine Immunabwehr mehr verfügte. Zwei Tage später, am 16. Februar, fand die Knochenmarktransplantation statt. Ruth Capaul erzählt:

«Für meinen Mann und mich war es ein sehr stressiger Tag, ganz abgesehen von der psychischen Belastung. Es war ein einziges Hin und Her zwischen unseren Töchtern, die uns in dieser Situation beide brauchten. Auf der einen Abteilung lag Sarah, der man aus dem Beckenkammknochen einen halben Liter Knochenmarkflüssigkeit – das entsprach einem Viertel ihres gesamten Blutvolumens – entnommen hatte. Sie war bleich wie ein Leintuch, ihr Blutdruck im Keller. Und sie hatte Schmerzen, mehr als sie erwartet hatte. Bereits zwei Stunden später wurde das Knochenmark über eine Infusion in Selinas Blutkreislauf gegeben. Es dauerte fast fünf Stunden, bis der Beutel leer war. Anders als bei Fremdspenden musste Sarahs Knochenmark aber nicht speziell gefiltert werden, es passte auch so. Für Selina war es ein sehr spezieller Moment. Von da an hiess es erst einmal Warten.»

Lange wurde die Geduld der Eltern und Töchter nicht auf die Probe gestellt. Schon am Tag elf, nach der Hälfte der durchschnittlichen Zeit, begannen die von Sarah transplantierten Stammzellen in Selinas Knochenmark zu arbeiten: Sie stellten funktionstüchtige Blutzellen her. Eine Hürde war genommen.

Ein arger Dämpfer folgte wenig später, als Selinas Organismus heftig auf das neue Knochenmark zu reagieren begann. Der Körper überzog sich flächendeckend mit einem hässlichen Ausschlag, «graft versus host», die Kehrseite einer jeden Transplantation. Für Ruth Capaul war es ein ebenso schwieriger Moment wie für Sarah, die sich einredete, sie sei «schuld» am Leid ihrer Schwester. Mit hoch dosiertem Cortison bekamen die Ärzte den Ausschlag in den Griff.

Sechs Wochen verbrachte Selina in der Isolierkabine, drei weitere Wochen in einem sterilen Einzelzimmer mit Aussensicht. Als sie die Kabine verlassen durfte, stellte sie sich in ihrem Zimmer eine ganze Stunde lang ans Fenster und schaute staunend ins Freie. Draussen blühten bereits die ersten Frühlingsblumen. Bei ihrem Spitaleintritt hatte es noch geschneit.

Stolz zeigt Selina der Journalistin das Buch, das sie in Zürich mit Hilfe eines Werklehrers gestaltet hat. Es handelt von Dino, dem Delfin – so hiess auch das Tier, mit dem sie in Portugal schwimmen durfte. Ihr gemalter Dino ist auf einer Reise an den Nordpol, zu Lars, dem Eisbären. Unterwegs trifft er einen Tintenfisch, ein Seepferdchen, einen Clownfisch, einen Schwertfisch und noch viele andere Meeresbewohner. Schliesslich erreicht er den Nordpol, «ganz violett, weil er so friert», wie Selina erklärt.

Genug der Erinnerungen – jetzt wollen die Zwillingsschwestern an die frische Luft gehen, auf den nahen Friedhof, um für

FOTO: PRIVAT

den Grossvater eine Kerze anzuzünden. Ruth Capaul lässt die beiden Mädchen ziehen. Sie habe sich daran gewöhnen müssen, nicht mehr dauernd in Sorge zu sein, sagt sie. Draussen auf dem Trottoir spazieren, warm angezogen, die Zwillinge und winken zum Abschied. Zu Weihnachten, ruft Selina der Besucherin noch nach, wünschten sie und ihre Schwester sich ein Trottinett.

adjuvant
zusätzlich, unterstützend; eine adjuvante Chemotherapie wird im Anschluss an eine Operation oder Strahlentherapie durchgeführt mit dem Ziel, Krebszellen abzutöten, die möglicherweise noch vorhanden sind.

Bauchspeicheldrüsenkrebs
Die Bauchspeicheldrüse (Pankreas) gehört zu den Verdauungsorganen. Krebs der Bauchspeicheldrüse verursacht im Frühstadium kaum Symptome, Beschwerden deuten oft darauf hin, dass sich der Krebs schon ausgebreitet hat. In der Schweiz erkranken jährlich zirka 1000 Personen.

Biopsie
Entnahme einer Gewebeprobe, damit diese mikroskopisch untersucht werden kann; durch diese Untersuchung lässt sich feststellen, ob das entnommene Gewebe gut- oder bösartig ist.

Brustkrebs
Die mit jährlich über 5000 Neuerkrankungen in der Schweiz häufigste Krebsart bei Frauen: Auf Brustkrebs entfällt ein Drittel aller Krebsdiagnosen bei Frauen. Obwohl das Brustkrebsrisiko nach dem 50. Lebensjahr deutlich ansteigt, betrifft die Krankheit auch jüngere Frauen: 20 Prozent aller Patientinnen sind zum Zeitpunkt der Diagnose jünger als 50 Jahre. Brustkrebs geht von den Zellen der Milchdrüsen aus und macht sich meistens durch einen harten Knoten in der Brust bemerkbar. Zur Diagnose von Brustkrebs wendet man in erster Linie zwei Verfahren an: die Mammografie (Röntgenuntersuchung der Brust) und die Biopsie (Entnahme einer Gewebeprobe). Die Mammografie wird auch zur Früherkennung von Brustkrebs eingesetzt.

Chemotherapie

Behandlung von Infektions- oder Krebserkrankungen mit Medikamenten, welche die Krankheitserreger oder die Krebszellen abtöten; in der Regel bezeichnet der Begriff die Behandlung von Krebskrankheiten mit Zytostatika. Je nach Ziel, das mit der Chemotherapie erreicht werden soll, unterscheidet man kurative, palliative, adjuvante und neoadjuvante Chemotherapien.

Dickdarmkrebs

In der Schweiz gibt es jährlich 4000 Neuerkrankungen. Es ist damit die dritthäufigste Krebsart. Blut im Stuhl kann auf Dickdarmkrebs hinweisen. Wenn Blut im Stuhl nachgewiesen wird, wird für weitere Abklärungen eine Darmspiegelung durchgeführt. Bei dieser Untersuchung führt der Arzt ein Instrument mit einer Kamera in den Darm ein. So kann der Darm von innen betrachtet werden.

Ewing-Sarkom

eine bestimmte Form von Knochenkrebs.

Gebärmutterhalskrebs

entwickelt sich aus den Zellen des Gebärmutterhalses (Zervix). In der Schweiz erkranken pro Jahr rund 230 Frauen. Eine der wichtigsten Ursachen für Gebärmutterhalskrebs ist die Infektion mit bestimmten Arten von humanen Papillomaviren (HPV). Gegen die gefährlichsten Arten von HPV können sich junge Mädchen heute impfen lassen.

Gebärmutterkörperkrebs

Beim Gebärmutterkörperkrebs geht das Karzinom von der Schleimhaut aus, die den Gebärmutterkörper innen auskleidet. Das Erkrankungsrisiko steigt ab dem 50. Altersjahr stark an. In der Schweiz gibt es zirka 900 Neuerkrankungen jährlich.

Hirntumor

In der Schweiz erkranken pro Jahr rund 510 Menschen an bösartigen Hirntumoren, Männer leicht häufiger als Frauen. 30 Prozent aller Patienten sind zum Zeitpunkt der Diagnose jünger als 50 Jahre. Manche Hirntumore sind gutartig; sie bilden keine Metastasen.

Hodgkin-Lymphom

besondere Form eines malignen Lymphoms. Jährlich erkranken in der Schweiz rund 210 Menschen an einem Hodgkin-Lymphom. Über zwei Drittel sind zum Zeitpunkt der Diagnose unter 50 Jahre alt. Ein Hodgkin-Lymphom kann sehr unterschiedliche Beschwerden verursachen. Typisch sind die sogenannten «Allgemeinsymptome»: Fieber, Nachtschweiss, Gewichtsverlust und/oder Abgeschlagenheit. Auch Schwellungen der Lymphknoten kommen häufig vor, zum Beispiel am Hals, im Nacken oder in der Leistengegend.

Immunsystem

Abwehrsystem des Körpers.

Induktionstherapie

erste Phase einer Chemotherapie; mit der Induktionstherapie soll eine Remission (vorübergehendes Zurückgehen von Krankheitszeichen, beispielsweise die Rückbildung eines Tumors) erreicht werden.

Karzinom

Krebs, der aus Zellen des Epithels (Zellverband, der innere oder äussere Körperoberflächen bedeckt) entsteht; Karzinome sind die häufigste Form von Krebserkrankungen.

Knochenkrebs

Jährlich erkranken in der Schweiz etwa 70 Menschen an Knochenkrebs. Die Krankheit tritt gehäuft bei Jugendlichen zwischen dem 10. und 20. Altersjahr auf. Knochenkrebs geht von den Zellen der Knochen aus. Die häufigsten Arten sind das Osteosarkom und das Ewing-Sarkom.

Knochenmark

Gewebe im Innern vieler Knochen; im Knochenmark entstehen die verschiedenen Blutzellen (rote und weisse Blutkörperchen sowie Blutplättchen).

Knochenmarktransplantation

Übertragung von gespendetem Knochenmark auf einen Empfänger; man unterscheidet die autologe Knochenmarktransplantation (Übertragung von eigenem Knochenmark) von der allogenen Knochenmarktransplantation (Übertragung von fremdem Knochenmark).

kurativ

heilend; eine kurative Behandlung hat eine Heilung zum Ziel.

Leukämie

Blutkrebs; Krebs der blutbildenden Zellen. Jährlich erkranken in der Schweiz rund 870 Menschen an Leukämie. Bei Kindern sind Leukämien die häufigste Krebsart: Ein Drittel aller krebskranken Kinder leidet unter Leukämie. Leukämien gehen von den Vorläufern der weissen Blutkörperchen (Leukozyten) aus. Die Zellen vermehren sich unkontrolliert, verdrängen die gesunden Blutzellen und breiten sich im ganzen Körper und in den Organen aus.

Man unterscheidet verschiedene Leukämieformen:

• Akute Leukämien verlaufen rasch und müssen sofort behandelt werden.

- Chronische Leukämien verlaufen langsam und werden oft nur zufällig entdeckt.
- Bei lymphatischen Leukämien stammen die Krebszellen aus dem lymphatischen Gewebe, bei myeloischen Leukämien aus dem Knochenmark.

Lungenkrebs
Jährlich erkranken in der Schweiz rund 3700 Menschen an Lungenkrebs. Zwei Drittel der Betroffenen sind Männer, ein Drittel Frauen. Lungenkrebs ist bei Männern die zweithäufigste, bei Frauen die dritthäufigste Krebsart. Lungenkrebs geht von den Zellen aus, welche die Atemwege (Bronchien) auskleiden. Warnzeichen sind hartnäckiger Husten, blutiger Auswurf beim Husten, Atemnot und Schmerzen im Brustbereich. Im Frühstadium löst Lungenkrebs oft kaum Symptome aus. Deshalb werden viele Tumoren erst entdeckt, wenn sie schon Metastasen gebildet haben und nicht mehr geheilt werden können.

Lymphom, malignes
Lymphome sind Krebskrankheiten, die von den Lymphozyten ausgehen, das sind spezielle weisse Blutkörperchen. Die Lymphozyten werden in lymphatischen Organen gebildet, zum Beispiel in den Lymphknoten, im Knochenmark oder in der Milz. In der Medizin unterscheidet man zwei Hauptgruppen von Lymphomen: die Non-Hodgkin-Lymphome und das Hodgkin-Lymphom.

lymphatisch
die lymphatischen Organe betreffend oder von ihnen ausgehend.

lymphatische Organe
Organe und Gewebe, in denen sich Lymphozyten bilden und ansiedeln; zu den lymphatischen Organen gehören unter anderem Knochenmark, Lymphknoten und Milz.

Lymphdrüsenkrebs
Obergriff für die diversen Formen der Lymphome. In der Medizin als Begriff nur noch selten verwendet.

Lymphknoten
lymphatische Organe im Bereich des Lymphsystems; die etwa linsengrossen Lymphknoten sind in das System der Lymphgefässe eingeschaltet.

Lymphozyten
in den lymphatischen Organen gebildete, besondere Form von weissen Blutkörperchen, die für die Abwehrfunktionen des Körpers wichtig sind.

Lymphsystem
die Gesamtheit von Lymphgefässen und Lymphknoten; über das Lymphsystem wird überschüssige Flüssigkeit aus den Geweben abgeleitet und zurück in den Blutkreislauf geführt.

maligne
bösartig; die typischen Kennzeichen von malignen Tumoren sind:
1. Sie wachsen ins umgebende Gewebe ein,
2. Sie zerstören das umgebende Gewebe,
3. Sie können Metastasen bilden.

Mammografie
Röntgenuntersuchung der weiblichen Brust.

Mastektomie
operative Entfernung der Brust, Brustamputation.

Melanom, malignes
schwarzer Hautkrebs, der von den Melanozyten der Haut ausgeht. Melanozyten sind Hautzellen, in denen das Pigment (Melanin) gebildet wird. Das Melanin sorgt für

den Teint und die Bräunung der Haut. Pro Jahr erkranken in der Schweiz etwa 1850 Menschen an einem malignen Melanom, dem schwarzen Hautkrebs. Es gehört zu den häufigsten Krebsarten. Neben dem malignen Melanom gibt es weitere Arten von Hautkrebs: das Basaliom (Basalzellkarzinom) und das Spinaliom (Stachelzellkarzinom). Diese Formen werden auch als «heller Hautkrebs» bezeichnet. Sie sind viel häufiger als das Melanom, aber auch weniger gefährlich: Das Basaliom bildet nie, das Spinaliom nur selten Metastasen.

Metastase
Tochtergeschwulst, Ableger eines bösartigen Tumors. Metastasen entstehen, wenn sich Krebszellen vom ursprünglichen Tumor (Primärtumor) lösen und sich über das Lymphsystem oder auf dem Blutweg in andere Organe ausbreiten. Dort können sich die Krebszellen ansiedeln und zu neuen Tumoren heranwachsen.

MRI/MRT
Abkürzung für Magnetresonanztomografie: diagnostisches Verfahren zur Herstellung von Schnittbildern des Körpers; anders als bei der Computertomografie wird nicht mit Röntgenstrahlen, sondern mit Magnetfeldern gearbeitet.

palliativ
die Beschwerden einer Krankheit lindernd; eine palliative Therapie hat die Linderung einer nicht (mehr) heilbaren Krankheit zum Ziel.

Port-Katheter-System
System, das es erlaubt, einem Patienten wiederholt Medikamente direkt über ein Blutgefäss zu verabreichen, ohne dass jedes Mal das Gefäss angestochen werden muss. Ein Port-Katheter-System besteht aus einem Gehäuse, das dem Patienten unter der Haut eingesetzt wird, und einem

Schlauch (Katheter), der vom Gehäuse ausgeht und im Blutgefäss liegt. Das Gehäuse ist mit einer speziellen Membran versehen. Beim Verabreichen von Medikamenten sticht man durch die Haut des Patienten und die Membran direkt in das Gehäuse, und von dort gelangen die Medikamente über den Katheter ins Blutgefäss.

Prostatakrebs

An Prostatakrebs erkranken in der Schweiz pro Jahr etwa 5670 Männer. Damit ist Prostatakrebs die häufigste Krebsart überhaupt. Auf ihn entfallen 30 Prozent der Krebsdiagnosen bei Männern. Die Prostata ist eine Drüse, die unterhalb der Harnblase des Mannes liegt und durch die die Harnröhre führt. In der Prostata wird der Teil der Samenflüssigkeit produziert, der die Beweglichkeit der Spermien garantiert. Prostatakrebs wird häufig zufällig bei einer Früherkennungsuntersuchung entdeckt. Zu solchen Untersuchungen gehören das Abtasten der Prostata und die Bestimmung des PSA-Werts im Blut.

PSA

Abkürzung für prostataspezifisches Antigen.

PSA-Test

Test zum Nachweis von prostataspezifischem Antigen (PSA) im Blut.

Punktion

Entnahme von Flüssigkeit oder Gewebe aus einer Körperhöhle mithilfe einer Hohlnadel.

Rezidiv

Rückfall; Wiederauftauchen einer Krankheit nach einer beschwerdefreien Phase.

Sarkom
Krebs, der aus Muskel-, Knochen- oder Bindegewebe entsteht.

Stammzelle
Als Stammzellen werden allgemein Körperzellen bezeichnet, die sich in verschiedene Zelltypen oder Gewebe ausdifferenzieren können. Je nach Art der Stammzelle und ihrer Beeinflussung haben sie das Potenzial, sich in jegliches Gewebe (embryonale Stammzellen) oder in bestimmte festgelegte Gewebetypen (adulte Stammzellen) zu entwickeln.

Strahlentherapie
Radiotherapie, im Volksmund oft «Bestrahlen» genannt: Behandlung mit ionisierenden Strahlen. Man unterscheidet zwischen der Bestrahlung von aussen, bei der die Strahlung in einem speziellen Gerät erzeugt wird, und der Einbringung von strahlenden Substanzen direkt in den Körper (Brachytherapie).

Tumor
Geschwulst, Anschwellung; meistens die Bezeichnung für eine krankhafte, gut- oder bösartige Neubildung von Gewebe. Die Begriffe «bösartiger Tumor» und «Krebs» werden synonym verwendet.

Zytostatika
Substanzen, die das Wachstum und die Vermehrung von Zellen hemmen; Zytostatika kommen bei Chemotherapien zum Einsatz. Das Ziel besteht darin, das Wachstum der Krebszellen zu hemmen und Krebszellen abzutöten.